Peter Hubral

Der Glaubensfreie Universelle Erleuchtungsweg – Band I
Ursprung von Philosophie, Theologie und Wissenschaft

Peter Hubral

Der Glaubensfreie Universelle Erleuchtungsweg – Band I

Ursprung von Philosophie, Theologie und Wissenschaft

Rediroma-Verlag

Bibliografische Information der Deutschen Nationalbibliothek:
Die Deutsche Nationalbibliothek verzeichnet diese Publikation in der Deutschen Nationalbibliografie; detaillierte bibliografische Daten sind im Internet über http://portal.dnb.de abrufbar.

ISBN 978-3-98527-415-4

www.rediroma-verlag.de
17,95 Euro (D)

Stimmige Zitate aus unterschiedlichen Kulturen

Laozi: „*Wenn man zu einem großen Teil Tugend in sich trägt, ist man mit einem Kleinkind vergleichbar.*“

Zoroaster: „*Gewähre mir [...] ein Kind, das [...] angeborene Weisheit besitzt, gut regieren und an Beratungen [...] teilnehmen würde.*“

Heraklit: „*Ein Kind hat das Amt, königlich zu herrschen über alles, was die Zeitabschnitte bringen.*“

Matthäus: „*Wahrlich, ich sage euch, wenn ihr nicht umkehrt und werdet wie die Kinder, so werdet ihr nicht in das Reich der Himmel eingehen.*“

Laozi: „*Das Dao erschafft eins, eins gebiert zwei, zwei auf drei und drei auf die 10.000 Dinge.*“

Pythagoreer: „*Vier Schritte ergeben sich aus dem Erwerb von Weisheit: arithmetiké, mousiké, geometría, astronomía – in der Reihenfolge eins, zwei, drei, vier.*“

Suhrawardi: „*Die nächste Zahl an eins ist zwei, dann drei und vier. Tatsächlich ist das, was zwei Flügel hat, tugendhafter als das, was drei und vier hat.*“

Kabbala (anthrowiki.at): „*Vier Welten* (hebräisch: *Olamot) oder Weltebenen bilden nach den Lehren der jüdischen Kabbala die Stufen, durch die sich aus dem grenzenlosen Schöpfungsurgrund Ain Soph die Schöpfung bis zur physischen Welt verdichtet.*“

Zum Buchtitel und Untertitel von Band I und II

Der **Buchtitel** basiert auf dem von Meister Fangfu vermittelten hypothesenfrei erworbenen Dao-Wissen[1], das mit der Dao-Praxis erworben wird. Sie ermöglicht die Rekonstruktion des spirituellen WISSENS, das uns Menschen mit der Evolution verloren ging. Es wurde in China vor etwa 10.000 Jahren wieder entdeckt und sein Erwerb in einer Genealogie von Meistern weitergegeben. Dies gilt ebenso für die Personen, die ich auf der Buchrückseite zitiere. Die Meister der *philosophía* nennen es *epistéme,* Sokrates auch Nicht-WISSEN (Wissen aus dem Nichtsein). Es ging vor etwa 1.000 Jahren im Westen und Mittleren Osten verloren, hat sich jedoch in China bis heute erhalten. Es ist ein umfangreiches WISSEN über das Jenseits, das signifikante Auswirkungen auf das Diesseits (Sein) hat.

Der **Untertitel von Band I** resultiert aus der Einsicht, die mit der Dao-Praxis erworben wird: Aus Nichtsein, Wu (無), entsteht Sein, You (有), und dieses verwandelt sich in stets neues Sein. Dies bestätigen die Philosophie, Theologie und Wissenschaften, die durch Umdeutung der hypothesenfrei erworbenen Metaphern der *epistéme* hervorgegangen sind.

Der **Untertitel von Band II** lautet: *Enthüllung biblischer- und nicht-biblischer Mythen.* Ich erkläre bekannte Mythen, dank meines Dao-Wissens, gänzlich anders als bisher und enthülle somit ihre ursprüngliche universelle Botschaft, die uns im Westen seit langem verloren gegangen ist. Sie ist der Philosophie, Theologie und Wissenschaft unzugänglich.

---

[1] www.taijixue.de

Inhaltsverzeichnis

Bild 1 und 2: Ständige Begleiter vom Anfang bis zum Ende des Buchs

Bild 1. Altgriechische AusÜBENDE der philosophía auf ihrer „universellen magical mystery tour[2]*"*

[2] Bild 1 zeigt Übende auf einer altgriechischen attischen Vase aus dem 6.Jhd v.u.Z. Vgl. https://de-academic.com/pictures/dewiki/75/Komast_cup_Louvre_E742.jpg. Diesem und ähnlichen Bildern entnimmt man als Nicht-Praktizierender, dass die offenbar nackten Personen willentliche Bewegungen und keine ungewohnten „Selbstbewegungen in rigoroser Stille" durchführen, so wie ich sie dem Bild zuweise. Diese außergewöhnlichen „spontanen Bewegungen" – sie zu erlernen ist eine hohe Kunst – erlernen Taiji-Übende in der Schule von Fangfu. Sie werden auch Dao- oder Wuwei-Praktizierende genannt.

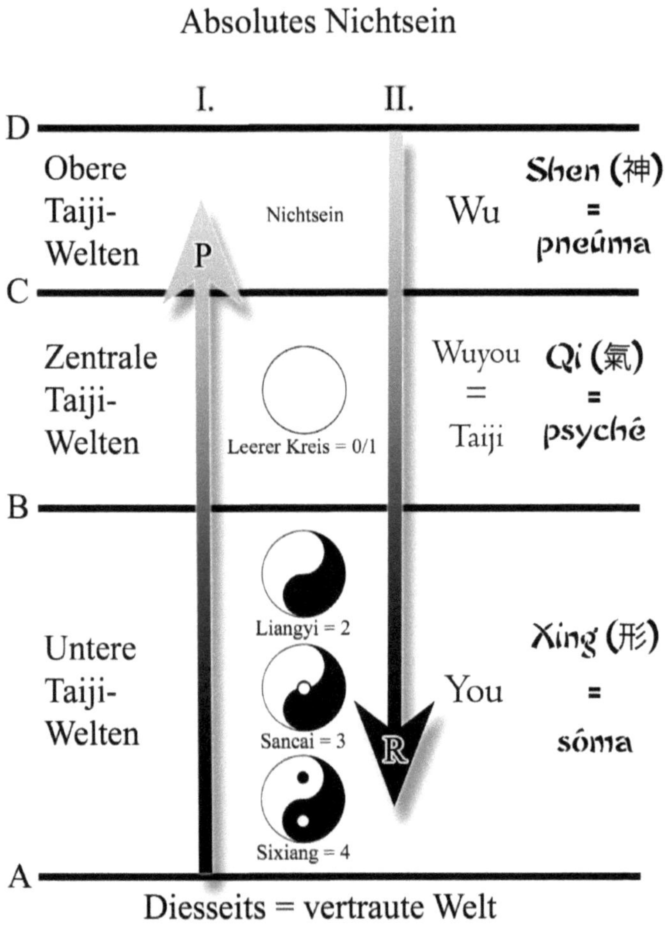

Bild 2. Schematische Darstellung (a) des Großen Wegs (Pfeil I = Aufstieg) *vom Diesseits* (A) *durch die drei jenseitigen Taiji-Welten (Himmel) zum absoluten Nichtsein* (D) *und (b) der Entstehung* (Pfeil II = Abstieg = Schöpfungsakt) *der drei Taiji-Welten und des Diesseits* (A) *aus dem absoluten Nichtsein* (oberhalb D).

Kurze Einführung in Bild 1 und 2

Jede neue Eingebung, die in stiller Weltabgewandtheit spontan geboren und danach in Worte gefasst wird, erweitert unser Wissen (Gr. *empería)* und prägt unsere Bildung. Intensiviert man die Stille in der meditativen Dao-Praxis (Bild 1), die Platon *meléte thanátou* (Praxis des Sterbens) nennt, dann entwickelt sich durch regelmäßiges Üben (Bild 1) das außergewöhnliche WISSEN (Gr. *epistéme).* Die Praxis erfordert dafür keine Methode (Hypothese, Dogma, Instruktion, Ritual, Bedingung). Sie ist formlos und glaubensfrei, denn nur so erweckt man in rigoroser Weltabgewandtheit „aus sich heraus“ die in uns verschütteten außergewöhnlichen Sinne *(sophrosýne).* Nur so erwirbt man – durch Wiedererinnerung *(anamnésis)* an das in uns durch die Zivilisierung (Pfeil II in Bild 2) Verschüttete – das einzigartige universelle spirituelle WISSEN. Dazu zählen die drei Welten, die meine Dao-Schule (You, Wuyou = Taiji, Wu) nennt (Bild 2).

Ihre durch regelmäßiges AusÜBEN der Praxis (Bild 1) zunehmend erfahrbaren Weltinhalte (Xing, Qi, Shen) haben ihre griechischen Äquivalente in (*sóma, psyché, pneúma).* Ihre Erkundung (Pfeil I) bis hin zur Erleuchtung (D) beschreibt in umgekehrter Richtung den dreistufigen spirituellen Schöpfungsakt (Pfeil II in Bild 2). Darüber schreibt Platon (Timaios 50d): *„Im Augenblick aber müssen wir uns drei Gattungen* (Metamorphosen der *psyché) denken: Das Werdende (psyché), das was daraus wird (sóma) und das (pneúma*), *woraus das Gebärende (psyché) entstanden ist.“* Auch Jesus berichtet über (*sóma, psyché, pneúma)*, wobei die Übersetzung (Körper, Seele, Geist) –

ohne Bezug zur sich wandelnden *psyché* (Pfeil I und II) – nicht wiedergibt, was mit der Praxis (Bild 1) ursprünglich übersinnlich erfahren wird (Pfeil I). Auch die Hebräer haben in (*nefeš, rūaḥ, nešāmāh)*[3] ihr Äquivalent von *(sóma, psyché, pneúma)*[4]. Auch sie berichten von drei Welten (Pfeil I):[5] *„Die zweite* (mittlere) *ist die zwischen der ersten* (untersten) *und dritten* (obersten) *vermittelnde. Diese dritte ist nämlich das Reich Gottes."* Suhrawardis Äquivalent von *(sóma, psyché, pneúma)* ist (nafs-i ḥayawānī, nafs i-insāni, nafs i-ruhani). Auch er spricht die drei Welten an: [6] *„Alle sprechen von drei Welten und sind sich in der Einheit Gottes einig.*

Auf ihre Erkundung (Pfeil I) verweist auch Platons *Allegorie vom Seelenwagen* in *Phaidros* (246a-257a). Dies tut ebenso die *Bhagavad Gita* (Vers 15), wo der *Streitwagen* mit den beiden Freunden (Arjuna und Krishna) durch die drei Welten gezogen (Pfeil I) wird. Weitere Inhalte von Bild 1 und 2 werden im Buch schrittweise aufgedeckt. Sie sind, so wie ich zeige, auch in anderen meist verloren gegangenen Traditionellen Kulturen angesprochen, was auf die Universalität, Übereinstimmung und Ganzheitlichkeit ihres WISSENS hinweist.

---

[3] S. 85 in Steiner, R, C; *DISEMBODIED SOULS,* SBL Press2015. https://www.sbl-site.org/assets/pdfs/pubs/9781628370775_OA.pdf

[4] So wie Wasser Oberbegriff für (Eis, Wasser, Dampf) ist, ist es auch *psyché* für (*sóma, psyché, pneúma).*

[5] S. 43 in Lazarus Bendavid; *Ueber die Religion der Ebräer vor Moses*, Hitzig 1812.

[6] S. 14 in John Walbridge; *The Leaven of the Ancients. Suhrawardi and the Heritage of the Greeks*, State University of New York Press, Albany 2000.

Vorwort

Das Buch liefert Grundlagen der Dao-Lehre, die ich bereits in anderen Büchern erörtert habe, hier jedoch erweitere und zur Enthüllung mythologischer und religiöser Themen einsetze, die Philosophie, Theologie und Wissenschaft nicht entschleiern können. Die Dao-Lehre wurde vor ca. zehn Jahrtausenden entdeckt, von Laozi (6.Jh. v.u.Z.)[7] zusammengefasst und von Fangfu in den Jahren 1997-2018 in seinen Kursen auf moderne wissenschaftliche Weise vermittelt. Sie artikuliert das mit der Dao-Praxis erworbene Dao- oder Taiji-Wissens (Taijixue). Dieses wird in rigoroser Stille – im regelmäßigen AusÜBEN der Dao-Praxis (Bild 1) – „aus sich selbst heraus" erweckt. Damit begibt sich der Dao-Praktizierende auf den Großen Weg (大道). Er deckt damit auf, dass der Mensch – neben seinem gewöhnlichen Wahrnehmungssystem – noch ein verborgenes außergewöhnliches besitzt, das reaktiviert werden kann. Das damit erlangte außergewöhnliche Dao-Wissen ist in Metaphern gefasst, deren Inhalte in der Erleuchtung – am Ende des Großen Wegs (D in Bild 2) – vollständig erkannt sind.

Nachdem Fangfu seinen Taiji-Schülern die wichtigsten Metaphern umfangreich erklärte und ich – durch mehrjähriges AusÜBEN der Dao-Praxis – mit ihnen genügend vertraut war, erkannte ich, dass sich auch Platons Praxis des Sterbens (*meléte thanátou*)[8] als Ursprung der *philosophía*

---

[7] v.u.Z. = vor unserer Zeitrechnung; n.u.Z = nach unserer Zeitrechnung.

[8] Wird auch irreführend mit Sterbensübung, Scheintod, Vorbereitung für einen würdigen Tod übersetzt.

erweist. Er schreibt (Phaidon, 64a): *„Andere Menschen sind sich wahrscheinlich nicht darüber im Klaren, dass diejenigen, die die philosophía korrekt ausüben* (Bild 1), *nichts anderes tun als ‚sterben' und ‚tot' zu sein."* Er nennt die *meléte thanátou* (Phaidros 81a) freudvoll und bezeichnet die *philosophía*, die sich daraus „aus sich selbst heraus" ergibt, im 2. Buch der *Politeia* (vgl. Rep. II 379a5f.) – wenn auch nur ein einziges Mal – *theología.* Er nennt das einzigartige Wissen, das sie hervorbringt, *epistéme.* Sie ist das griechische Äquivalent für das Dao-Wissen. Es ist wahres oder reines Wissen, weil es ohne Hypothesen (Regeln, Dogmen, Erwartungen), an die es zu glauben gilt, in rigoroser Stille – als Wiedererinnerung *(anamnésis)* an Verborgenes – entsteht. Für Platon ist (Phaidon 67e ff.) die *philosophía* und somit *theología* ein freudvolles „AusÜBEN des Sterbens". Dabei sind auch für ihn „Sterben" und „Tod" Metaphern, die sich auf die meditative Praxis *(meditatio mortis)* beziehen und daher nicht wortwörtlich zu nehmen sind, so wie es ungeübte Interpreten seiner Lehre jedoch tun. Damit ist er im Einklang mit der altiranischen Sufi-Weisheit, worüber Rumi (Mevlana) schreibt:[9] *„Stirb[10], bevor du stirbst!"*

---

[9] „Sterben" ist für die traditionellen Sufis der Weg, um zum vollkommenen Menschen [*insān kāmil*] zu werden, den die Dao-Lehre Zhenren nennt. Johann Wolfgang von Goethe schreibt – inspiriert durch altiranische Weisheit – in seinem berühmten *West-östlichen Diwan: „Bevor Du dies nicht hast, dieses stirb und werde, bist Du nur ein trüber Gast auf der dunklen Erde."* Ich bezweifle, dass er den Ursprung von Sterben und Werden, so wie ich ihn Schritt für Schritt erkläre, verstanden hat.

[10] Das erste „stirb" verweist auf die meditative Praxis, das zweite „stirb" auf den leiblichen Tod.

Die Unkenntnis ihrer Praxis des Sterbens hat zur Folge, dass sich die Philosophie als verzerrte *philosophía* erweist. Der Grund: es wird ignoriert, dass ihre Metaphern, so wie die des *Daodejing* und in der Schule von Fangfu, übungsbezogen und von der Erfahrung abhängig sind. Dies gilt auch für folgende Metaphern der *philosophía*, deren Übersetzungen in Klammern nicht wortwörtlich zu nehmen sind, sondern nur durch Übung und Erfahrung interpretiert bzw. wiedergegeben werden können : *philía* (Liebe), *sophía* (Weisheit), *aletheía* (Wahrheit), *lógos* (Wort), *theós* (Gott), *theología* (Theologie), *kósmos* (Kosmos), *kosmología* (Kosmologie), *astronomía* (Astronomie), *astrología* (Astrologie), *sóma* (Leib), *psyché* (Seele), *pneúma* (Geist), *ouranós* (Himmel), *okeanós* (Ozean), *gaía* (Erde), *hýbris* (Hybris), *némesis* (Nemesis), *aphrosýne* (Sinnlosigkeit), *sophrosýne* (Besonnenheit). Diese und viele weitere Metaphern, die ich ausführlich erklären werde, haben also erfahrbare Inhalte, die sich den Praktizierenden (Bild 1) zunehmend offenbaren. Es sind außergewöhnliche Eingebungen, die sie nicht infrage stellen und UngeÜBTEN auch nicht leicht vermitteln können. Was AusÜBENDE der *philosophía* darüber in Metaphern fassen, findet sich jedoch, so wie ich zeige, im mir vertrauten Dao-Vokabular wieder. Dies gibt den Originalbegriffen *philía*, *sophía*, *aletheía*, *lógos*, *theós* usw. eine tiefgründige spirituell erfahrbare und mit der Dao-Lehre stimmige Bedeutung. Sie bestätigen, dass der Mensch zwei Wahrnehmungssysteme, ein vertrautes und ein außergewöhnliches, hat, das durch regelmäßiges Üben aktiviert und intensiviert wird. Auch die Metaphern der *philosophía* artikulieren, so wie die Dao-Metaphern, außergewöhnliche Erfahrungen. Beide gehören zu einem in sich stimmigen ganzheitlichen eindeutigen Netzwerk.

Was ich hier über die (erste) *philosophía* und ihre Verwandlung zur (zweiten) Philosophie, bedingt durch die Unkenntnis ihrer Metaphern, andeute und noch ausführlich begründe, gilt auch für viele andere übungsbasierte Erfahrungslehren in sogenannten traditionellen Kulturen. Dazu zählen die Lehren von Zarathustra (Zoroaster), Mani, Buddha, Krishna und Jesus, aus denen verschiedene Glaubenslehren entstanden sind. Damit deute ich an, dass diese weisen Männer keine Religionsstifter sind. Sie wurden vielmehr von Menschen, die ihre Metaphern neu auslegten, nach ihrem Tod dazu gemacht.

Suche nach Selbst- und Welterkenntnis

Ich habe Geophysik studiert, weil ich mir erhoffte, die Natur damit kennen zu lernen. Mein interessanter Beruf ermöglichte es mir, mit vielen indigenen und „zivilisierten" Kulturen weltweit in Kontakt zu kommen. Ich interessierte mich sehr für deren Kulte, Religionen, Rituale, Lithurgien, Feste, Architektur und Literatur in der Hoffnung, damit mehr über mich selber zu erfahren. So sehr mich die Vielfalt der Kulturen faszinierte, so sehr betrübten mich Intoleranz, Diskriminierung und Fundamentalismus, die das menschliche Zusammenleben in und zwischen den Kulturen erschwerten und dies bis heute tun. Ich erkannte, dass Religionen, Mystik und Naturwissenschaften einem Suchenden wie mir, keine befriedigende Antwort liefern können.

Daher habe ich mich auch schon früh der altgriechischen und orientalischen Weisheitsliteratur zugewandt. Ich fragte mich z.B., was Parmenides (ca. 540-480 v.u.Z.) mit ‚Weg zur Wahrheit' *(aletheía)* und ‚Weg der Meinung' *(dóxa)* meint und was er sagen will mit (Frag. 1 in *Über die Natur*):[11] *„So glaubt jeder nur an das, worauf er gerade bei seinen mannigfachen Irrfahrten gestoßen ist, und doch rühmt sich jeder, das Ganze gefunden zu haben?"* Auch begann ich meditative Praktiken, wie Yoga, autogenes Training und andere Techniken auszuüben. Dies tat ich immer in der Hoffnung, eine noch bessere Übung und somit ein noch tieferes Verständnis über die innere und äußere Welt und deren Zusammenhang zu finden. Diese Hoffnung erfüllte sich nach Einstieg in die Dao-Praxis. Sie ließ mich all das erkennen, worüber ich berichte.

An wen ist dieses Buch gerichtet?

Ich wende mich an unvoreingenommene und vorurteilsfreie Leser*innen, die gewillt sind, sich für Neues (eigentlich: Uraltes) zu öffnen. Damit meine ich solche, die genügend Geduld aufbringen, sich von ihren vertrauten Vorstellungen über die Inhalte der Metaphern zu lösen, die sie verbinden mit: *philía* = Liebe, *psyché*= Seele, *sophía* = Weisheit, *aletheía* = Wahrheit, *lógos* = Wort usw. Ich meine damit Leser*innen, die sich auch der Gefahr bewusst sind, die Platon in *Republik* (493d) anspricht: *„Wer sich auf die Masse einstellt und dieses große Biest als seine Gebieterin betrachtet, unterwirft sich den Bedürfnissen der Masse."* Ich zähle zur Masse diejenigen Leser*innen, die

[11] S. 173 in Herman Diels; *Die Fragmente der Vorsokratiker, griechisch und deutsch*, Band 1, 2. Auflage, Weidmannsche Buchhandlung, Berlin 1906.

philosophía = Philosophie und die anderen obigen Gleichsetzungen und viele weitere akzeptieren, ohne sie infrage zu stellen.

Biographie von Dao-Großmeister Fangfu

Fangfu (1940-2019), mit Familiennamen Lu Chin Juan, wurde im Alter von vier Jahren in die traditionelle chinesische Kultur eingeführt. Er begann mit Kampfkunst, als er sechs Jahre, und mit der Dao-Lehre, als er neun Jahre alt war. Mit 13 Jahren hatte er den im *Daodejing* von Laozi erwähnten Großen Weg (大道) beendet und damit das übersinnlich erfahrbare Taiji- oder Dao-Wissen (Taijixue

太極學)[12] erfasst. Mit 16 Jahren begann er durch China zu reisen und suchte mehr als 100 Meister auf. Er publizierte über 100 Artikel und schrieb mehrere Bücher, von denen keines in eine fremde Sprache übersetzt wurde. Der Grund ist, dass er besorgt war, die „in Metaphern gefassten Inhalte der Lehre" könnten verdreht werden, so wie es, wie bereits angedeutet, in der *philosophía* und den ihr äquivalenten Lehren, die ich noch zitieren werde, der Fall ist. Auch ich bin mir der Gefahr bewusst, in meiner Revision der Metaphern, die sich auf die Übung (Bild 1) beziehen, missverstanden zu werden.

Zu Fangfus Lehrinhalten zählt die leicht falsch zu interpretierende Behauptung: *„Ein authentischer Dao-Lehrer lehrt nur eine Methode und dies ist KEINE."* Ich werde genau erklären, was damit gemeint ist. So werden meine Leser*innen erkennen, dass die „Methode, die keine ist" – also keine Prämissen macht – Übende (Bild 1) in eine ihnen zuvor unvertraute jenseitige Welt (Pfeil I in Bild 2) führt. Sie ist die in uns allen existierende innere Welt, die Praktizierenden gänzlich Unerwartetes übersinnlich offenbart. Dies ist fundiert auf dem Naturgesetz: Aus der Stille (Ruhe) heraus entsteht Bewegung auf der körperlichen, seelischen und geistigen Ebene. Sie führt zur Weisheit, worüber Meister weltweit – wenn auch mit unterschiedlichen Worthülsen, aber identischen Inhalten – übereinstimmend berichten.

---

[12] Taijixue ist auch der Name der Schule von Fangfu, die früher Taijimen, Tor (Men) zu Taiji, genannt wurde. Sie wurde umbenannt, weil sich andere Schulen mit anderen Lehrinhalten auch Taijimen nennen.

Sie alle wurden, so wie Fangfu und unzählige Dao-Altmeister vor ihm, durch AusÜBEN der Praxis zu erleuchteten Lehrern. Dies qualifizierte sie, Schüler auf den Pfad (Pfeil I) oder Weg (Dao, 道) zum Ursprung der Schöpfung (D in Bild 2) zu führen. So konnten auch sie das Wissen, das die Meister über Generationen hin in einer ununterbrochenen Genealogie (Stammlinie) in Funktion ihres Übungsfortschritts (P in Bild 2) in der Innenschau erlangten, zunehmend bestätigen. Damit folgten auch sie der uralten Dao-Empfehlung: Fanben – Rückkehr (Umkehr) zum Ursprung (Gr. *arché* = *ἀρχή*). Jesus spricht stattdessen von Umkehr. Dafür gibt es viele weitere äquivalente Ausdrücke, worauf viele Zitate, Allegorien und Mythen, die ich enthüllen werde, hinweisen. Dazu zählt Platons Phaidon (82d): *„Sie selbst* – die Übenden, die für ihre eigene *psyché* sorgen und nicht im Dienst von *sóma*[13] leben – *sind davon überzeugt, dass der philosophía nicht widerstanden werden darf, und so wenden sie sich ihr zu und folgen ihr* (Pfeil I), *wohin sie auch immer führt.“* Damit erfassten Übende zunehmend die ewig schöpferische Natur *(phýsis),* die alles diesseitige Erschaffene (A) „aus sich heraus“ gebärt. So erweiterten sie ihr vertrautes Denken in Taiji-Denken, wofür auch die *philosophía* ihr Äquivalent anbietet. Einige von ihnen erreichten damit auch – ohne jegliche Prämisse und Zielvorstellung – das Ziel (*télos)* in der Erleuchtung (D in Bild 2) im Ursprung (*arché)* der Schöpfung.

[13] *Sóma* wird meist mit Leib übersetzt. Es ist auch eine Metapher für die mit der *psyché* erfasste leibliche (körperliche, materielle) Welt.

Danksagung

Ich bin Fangfu dankbar dafür, dass er mich in die Dao-Praxis, Daoxing (道行), einführte, um in mir die jenseitige schöpferische Welt (Pfeil I in Bild 2) auf die angedeutete Art und Weise zu erkunden. Mein besonderer Dank gilt seiner ausführlichen Erklärung der beeindruckenden Theorie der Taiji (Dao)-Lehre, die aus der Dao-Praxis „aus sich selbst heraus" hervorgeht. Sie artikuliert die damit erworbene Erfahrung. Nachdem diese einzigartige Praxis in China vor zehn Jahrtausenden entdeckt wurde, wurde das so erworbene Dao- oder Taiji-Wissen – in einer ununterbrochenen Genealogie von Dao-Meistern – bis in die jüngste Zeit erforscht und verfeinert. Ich schätze es sehr, dass Fangfu mir, trotz meiner eingeschränkten Dao-Erfahrung, sein Vertrauen schenkte, im Westen über seine Lehrinhalte zu berichten. Was mich dazu besonders motivierte und wozu meine praktische Dao-Erfahrung seit 1997 beitrug ist, dass ich, so wie angedeutet, ihre Lehrinhalte in der *philosophía* und anderen traditionellen Lehren erkannte. Diese wurden jedoch und werden immer noch, wie bereits angedeutet, durch Unkenntnis ihrer Metaphern missinterpretiert. Ihre Originale lassen sich aber mithilfe der Dao-Lehre daraus rekonstruieren.

Kurzes Resumé meiner wichtigsten Erkenntnisse

Meine bisher damit gewonnenen Einsichten über die für uns Europäer so wichtige *philosophía* lassen mich schlussfolgern, dass ein *philósophos* kein Naturphilosoph oder Philosoph ist, der, so wie oft behauptet, die „Weisheit liebt". Nein, er ist vielmehr ein AusÜBENDER der *philosophía,* der – mit Unterstützung eines Meisters – durch seine regelmäßige „freudvolle Praxis (Bild 1)" die ewig schöpferische Natur *(phýsis, natura naturans)* so tiefgründig „aus sich heraus" erfährt, wie es Menschen nur möglich ist. Er erkennt damit den im Üben erfahrbaren *kósmos* (Pfeil I und II in Bild 2) in einer ihm zuvor unvorstellbaren Weise. Er entwickelt damit (Pfeil I) die *philía*, die – so wie ich zeige – wesentlich tiefgründiger ist als ihre Übersetzung „Liebe".

Philía ist der Schlüssel für meine Neudefinition: *Philosophía* = mit *philía* zu *sophía.* Alle drei Metaphern sind erfahrungsabhängig, sodass *philosophía* wesentlich mehr ist als „Liebe zur Weisheit". Die dafür nötige Praxis des Sterbens (Bild 1) erweckt mit Übungsfortschritt (P) zunehmend die *sophrosýne* („Besinnung" durch Entwicklung der Weisheitsinne), die ich noch Schritt für Schritt erkläre. Der Übende erwirbt somit immer mehr Weisheit (*sophía).* Seine Intensivierung (Pfeil I, Bild 2) von *philía*, *sophrosýne* und *sophía* kommt dabei ohne willentliche (bewusste) Aktion „aus sich heraus" zustande. Gefragt ist also: KEINE Methode, sondern vielmehr die Entwicklung der Fähigkeit, rigoros von allen weltlichen Anhaftungen loszulassen. Ich werde dies Schritt für Schritt erklären, zumal Ungeübte viel Unsinniges in die Metaphern der Meister „hineindichten", die darüber berichten.

Dies betrifft z.B. Plotin (205-270) und den iranische Illuminationsphilosophen Schihab ad-Din Yahya Suhrawardi (1154-1191), die ich mehrmals zitieren werde. Auch sie verweisen, so wie Fangfu, auf „aus sich heraus". Ebenso Jesus (Joh 5,30): *„Ich kann nichts von mir selber tun. Wie ich höre, so richte* (urteile) *ich, und mein Gericht* (Urteil) *ist recht; denn ich suche nicht meinen Willen, sondern des*

Vaters Willen, der mich gesandt hat.“ Er bezieht sich mit „Hören“ auf das, was er übersinnlich durch *sophrosýne* „aus sich heraus“ erfahren („gehört“) hat und dem „Willen des Vaters“ zuschreibt. Es sollte im Folgenden klar werden, was er – in Übereinstimmung mit den anderen Meistern – damit meint.

Dabei geht es um die höchste spirituelle Erfahrung in der Erleuchtung (D, Bild 2). Diese wird von den Meistern mit unterschiedlichen, jedoch inhaltlich identischen Metaphern ausgedrückt. Dazu zählt als Äquivalent für Vater bei Jesus auch Mutter (der 10.000 Dinge), worauf, wie ich noch zeige, Laozi im *Daodejing* hinweist. In Fangfus moderner Formulierung von Laozis Lehre gibt es keine Geschlechter (männlich, weiblich, androgyn), der sich viele der von mir zitierten Meister zur Beschreibung des Aufstiegs bedienen. Deren Metaphern werden von Interpreten meist wortwörtlich genommen, was die Meister zu Unrecht im „falschen Licht“ – z.B. als Patriarchen – erscheinen lässt. Wie ich zeige, ist zwischen dem, was Meister mit Metaphern berichten und dem, was in diese durch deren Unkenntnis hineininterpretiert wird, zu unterscheiden.

1. Wuwei – *creatio ex nihilo* – und Youwei

Was ich über „aus sich heraus“ oder auch „nicht von mir selbst“ schreibe und noch im Detail erkläre, beinhaltet, dass in Traditionen, die den Erleuchtungsweg (Pfeil I, Bild 2) lehren, das im Üben zunehmend erworbene Wissen „aus dem Nichts (Unbekannten = Wu = D in Bild 2) heraus“ zustande kommt. Es offenbart sich – ohne eigenes Tun und Handeln: Nicht-Tun (im Sinne von nicht wirken) – in rigoroser Stille, was mithilfe des Meisters erlernt wird.

Damit spreche ich erstmals Wuwei (無爲) an, das im Üben (Bild 1) zum Einsatz kommt. Wu bedeutet Nichts und Wei Wirken. Wuwei ist somit das schöpferische „Wirken (Wei) aus dem Nichts (Unbekannten = Wu) heraus“, so wie es sich im Aufstieg (Pfeil I, Bild 2) offenbart. Wuwei wird dabei durch eigenes Nicht-Tun in rigoroser Weltabgewandtheit „aus sich heraus“ in der Innenschau (Bild 1) erfahren. Es tut sich kund als: *creatio ex nihilo* (Schöpfung aus dem Unbekannten oder Nichts heraus)[14]. Dies bestätigen weitere damit stimmige Äußerungen, z.B. Gen (5,24): *„Henoch ging mit Gott; und ‚er war NICHTS‘, denn Gott nahm ihn auf.“* Stimmig damit ist (Joh 5,30): *„Ich kann nichts von mir selber tun. [...] Ich suche nicht meinen Willen, sondern des Vaters Willen.“*

Ohne schöpferisches Wirken aus Wu, also „aus sich heraus“, hätten wir keine Intuitionen und spontanen Einge-

[14] Die einzige Stelle im *Alten Testament*, die explizit von einer „Schöpfung aus dem Nichts“ spricht, findet sich im Buch *2. Makkabäer* (7,28); dort heißt es: *„Ich bitte dich, mein Kind, schau dir den Himmel und die Erde an; sieh alles, was es da gibt, und erkenne: Gott hat das aus dem Nichts erschaffen, und so entstehen auch die Menschen.“*

bungen. Alle kreativen Prozesse, sowohl im Alltag wie auch im Üben, basieren darauf. Regelmäßiges Üben (Bild 1) aktiviert und intensiviert das schöpferische Wirken „aus sich heraus“: *creatio ex nihilo*. Damit fördert der Übende – in seiner regelmäßigen Praxis in rigoroser Stille – den in uns allen verborgenen schöpferischen Trieb (kurz: S-Trieb). Er ist dann im sogenannten S-Modus. Dies heißt, er setzt das S-Prinzip – Dao-Lehre: Wuwei-Prinzip – ein, was ihn durch regelmäßiges Üben zunehmend Ungeahntes offenbart. So kann in ihm die schöpferische Natur *(natura naturans)* – ohne eigenes Zutun (ohne etwas zu wollen) – wirken. Nur so kann in ihm gänzlich Neues – in einem ihm zuvor unvorstellbaren Ausmaß – geboren und übersinnlich erfahren werden.

Man erkennt die Tiefgründigkeit von Wuwei, das oft missinterpretiert wird, umso mehr, wenn man es von seinem Gegenteil abgrenzt: Youwei (有爲). You bedeutet Sein (Diesseits). Youwei ist (willentliches, bewusstes) Tun oder Wirken (Wei) aus dem Sein (Bekannten = Diesseits = You) heraus. Youwei ist aktiv in der Außenschau, d.h. der uns allen vertrauten alltäglichen Weltzugewandtheit. Dann befindet sich der Mensch im gesellschaftlich (kulturell) geprägten Modus (G-Modus). Er setzt dann, auch wenn er sich darüber nicht bewusst ist, das G-Prinzip (absichtsvolles und zielorientiertes Streben, Tun, Wollen) ein. Darauf kann kein Mensch verzichten, garantiert es doch seine Existenz in der Gesellschaft. Auch dabei kommt es in Momenten geistiger und entspannter Abwesenheit zu spontanen Eingebungen. Dies geschieht jedoch nicht in dem Umfang und der Intensität, die das S-Prinzip im Üben ermöglicht, womit der Aufstieg (Pfeil I) zunehmend bewältigt wird. Damit offenbart sich Übenden zunehmend all das, worüber ich umfangreich berichte, ohne jedoch die damit erworbene Erfahrung ausreichend in Worte fassen zu können.

Laozi betont den Unterschied zwischen Wuwei und Youwei wie folgt (Kap. 48): *„Nicht-Tun* (Wuwei) *ist besser, als mit vieler Mühe nichts schaffen* (also Youwei einzusetzen)." Er bringt die Dao-Praxis mit Selbsterkenntnis und Erwerb von Weisheit in Zusammenhang (Kap. 49): *„Wer andre kennt, ist klug. Wer sich selbst kennt, ist weise."* Damit ist er im Einklang mit ähnlichen Äußerungen anderer Meister, z.B. *„Erkenne dich selbst"*, die ich noch zitiere.

Er betont (Kap. 49), dass es in der Praxis darum geht, sich selbst zu besiegen: *„Wer andre besiegt, hat Kraft. Wer sich selbst besiegt, ist stark."* Es wäre daher verfehlt anzunehmen, der Dao-Weg, der Aufstieg, sei einfach. Nicht-Tun, Wuwei, scheint es auf den ersten Blick zu sein, doch es ist eine hohe Kunst, es mit dem S-Prinzip zu realisieren. Darauf verweist auch Jesus mit (Mat 26,41): *„Das Fleisch (sarx) ist schwach."* Fleisch *(sarx)* ist, wie ich zeige, eine Metapher für die diesseitige Welt (You), die nicht leicht zu überwinden ist, um die jenseitige Welt (von A zu D, Bild 2) zu erfahren.

Was ich hier andeute und noch ausführlich erkläre, heißt nicht, dass das mit dem S-Prinzip erworbene Wissen, das der Aufstieg zunehmend „aus sich heraus" hervorbringt, nicht auch für Ungeübte von Interesse wäre. Die Meister hätten nicht darüber berichtet, wenn dies der Fall wäre. Dies bestätigen folgende Mythen, die erst dadurch zu Mythen wurden, weil sie durch Unkenntnis ihrer Metaphern, die der Aufstieg hervorbringt, verzerrt wurden. Sie alle sind dem S-Prinzip und der damit erlangten Erleuchtung (D, Bild 2) zu verdanken, womit der Schöpfungsakt (Pfeil II, Bild 2) beschrieben wird.

Ursprung der Mythen

Ich enthülle nun, dank meines bisher erworbenen Dao-Wissen, Mythen aus unterschiedlichen Traditionen, denen diese sehr wichtig waren. Was ich ihnen zuweise, ist erst einmal nur kurz zusammengefasst, wird jedoch danach Schritt für Schritt vervollständigt. Dann sollten meine Leser*innen umso mehr erkennen, dass sie – obwohl sie auf vielfältige Weise verzerrt wurden und daher auch inkorrekt ausgelegt werden – eine einzigartige in sich und untereinander stimmige spirituelle Botschaft vermitteln. Wer diese meiner schrittweisen Erklärung zunehmend entnimmt, erkennt damit, dass Mythen nur deshalb Mythen sind, weil ihre ursprünglichen erfahrbaren Inhalte durch Unkenntnis ihrer Metaphern verschüttet wurden. Sie verdecken somit die tiefgründige Wahrheit, die dahintersteckt.

Die nun folgenden kurz gefassten Mythen werden später noch ausgiebig erörtert und durch weitere ergänzt, die damit stimmig sind. Dazu zählt der Mythos von Noah und der Sintflut, vom Turmbau zu Babylon, von Sodom und Gomorra und dem Untergang von Atlantis. Sie alle sind, so wie die nun folgenden, von spiritueller Natur, was – in unserer materiell ausgerichteten Welt des Glaubens – offenbar bisher niemand erkannt hat. Sonst hätte man sie längst entschleiert.

Prometheus und die Büchse der Pandora

Wir lesen[15]: *„Als Feuerbringer und Lehrmeister ist Prometheus der Urheber der menschlichen Zivilisation. Einer Variante des Mythos zufolge hat er als Demiurg die ersten Menschen aus Lehm gestaltet und mit Eigenschaften* (Fähigkeiten) *ausgestattet. Dabei kam es allerdings zu Fehlern, deren Folgen Unzulänglichkeiten sind, unter denen die Menschheit seither leidet.*"[16] Mein Kommentar: Die zwei ersten Sätze resümieren den Schöpfungsakt (Pfeil II, Bild 2), so wie er im Aufstieg (Pfeil I, Bild 2) übersinnlich erfahren wird. Der dritte Satz spricht menschliche Mängel an, die der Akt (Pfeil II, Bild 2) in uns allen bewirkt hat. Die Bibel spricht vom „Sündenfall". Zu den Mängeln zählt, dass sich der „abgestiegene Mensch" im Diesseits (A, Bild 2) der *hýbris* hingibt, worauf *némesis* mit unvorhersehbaren Folgen reagiert. Im *Prometheus Mythos* ist dies die Pandora anstatt der *némesis*. Dies heißt, dass der Akt (Pfeil II, Bild 2) die „Büchse der Pandora" öffnet. Ich greife auf das Dao-Wissen zurück, um Schritt für Schritt zunehmend zu erklären, was damit gemeint ist.

---

[15] Wenn ich im Folgenden immer wieder Wikipedia zitiere, tue ich dies, weil sie den „Wissens"-Stand der Gesellschaft widerspiegelt und es ist dieser, den ich hinterfrage. Ich zitiere also Wikipedia nicht und benutze sie als Wissensquelle, sondern analysiere und problematisiere, die Art und Weise, wie Wikipedia und somit die Gesellschaft mit „Wissen" umgeht bzw. was sie für Wissen hält. Dies gilt auch für andere „seriöse" Internetquellen, die ich verwende. Solange diese das S-Prinzip und somit die Übung (Bild 1) ignorieren, sind sie weit davon entfernt, was ich zu vermitteln versuche.

[16] Prometheus: https://de.wikipedia.org/wiki/Prometheus (abgerufen am 06.03.2021)

Vertreibung aus dem Paradies

Ezechiel (28,11-19) berichtet über den „Fall (Pfeil II, Bild 2)“ eines „Herrschers“, der aus Eden (dem „Garten Gottes“ in D, Bild 2) vertrieben wurde: *„Du warst ein vollendet gestaltetes Siegel, voll Weisheit und vollkommener Schönheit. Im Garten Gottes, in Eden, bist du gewesen. [...] Ohne Tadel war dein Verhalten seit dem Tag, an dem man dich schuf* (Pfeil II, Bild 2), *bis zu dem Tag, an dem du Böses getan hast. Durch deinen ‚ausgedehnten Handel* (Youwei)*‘ warst du erfüllt von Gewalttat, in Sünde bist du gefallen. [...]. Ich stieß dich auf die Erde* (A, Bild 2) *hinab.“*

Der „vollkommene Herrscher (D, Bild 2)“ residiert, wie ich zeige, in uns allen. Er wird im Aufstieg (Pfeil I, Bild 2) zunehmend erkannt. Jedoch der Drang (G-Trieb) in uns, im Diesseits (A, Bild 2) exzessiv (ausgedehnt) zu handeln, worauf Böses, Gewalttat und Sünde hinweisen, behindert den Aufstieg. Ich finde den Hinweis auf Böses usw. gewaltig übertrieben, da wir alle abgestiegen sind. „Ausgedehntes Handeln (Youwei)“ ist bei einigen von uns mehr als bei anderen ausgeprägt, worauf die Empfehlung am Apollon Tempel in Delphi hinweist: *medèn ágan* (Tue nichts im Übermaß). Dort findet man noch weitere damit stimmige Ratschläge an Abgestiegene, die ich noch zitieren und erklären werde. Sie wurden im Aufstieg (Pfeil I) erkannt und empfehlen, wie der Mensch mit der Schöpfung umgehen sollte.

Salman und Absal

Salman, ein Königsohn[17], wurde von Absal[18], einer jungen attraktiven Amme, aufgezogen, in die er sich als Jüngling innig verliebte. Sein Vater (Herrscher) bat ihn wiederholt, Absal zu verlassen. Er versuchte ihm klar zu machen, dass er den Thron seines Reiches nicht besteigen und gleichzeitig Absal zugeneigt sein könnte, da ihn entweder das Reich oder sie vereinnahmen würde. Absal war sich ihrer Attraktivität und Anziehungskraft bewusst. Sie riet Salman, den Vater zu ignorieren: *„Ich bin eine Frau, die deine Seele erfreut. Du bist keiner, der mich leicht verlassen kann, ich jedoch eine, die es könnte."* Der Herrscher besaß zwei goldene Blätter, die mit wunderwirkenden Mustern verziert und sieben Löchern durchbohrt waren, die den sieben Gefilden (Welten: Himmel, Lichter) entsprachen.

Dazu mein Kommentar, dessen Inhalt sich meinen Leser*innen zunehmend – unter Einbezug anderer Mythen – offenbaren sollte: Der Herrscher allegorisiert den Ursprung der Schöpfung (D), Salman den abgestiegenen Menschen (von D zu A), Absal dessen Anhaftung am Weltlichen (Irdischen, Materiellen, A). Alle drei, Vater, Sohn und Absal allegorisieren Aspekte der *psyché* in uns, die in ihrem Wandel von *sóma* zu *pneúma* (Pfeil I, Bild 2) bis zur Erleuchtung (D) übersinnlich erfahren werden. Damit deute

[17] Zu Salman siehe: www.sacred-texts.com/isl/saab/index.htm und www.sufi.ir/books/download/english/jami-en/salman-absal-jami-en.pdf (abgerufen am 22.02.2021)

[18] Absal-Salman symbolisiert das dualistische Diesseits, das ich später mit Yin-Yang ausdrücke. Absal ist weiblich (Yin) und Salman männlich (Yang). Absalon ist die Mischung (Yin/Yang), woraus Absal (Yin) und Salman (Yang) entstanden sind.

ich erstmals auf die drei Weltinhalte (*sóma, psyché, pneúma)* hin, deren Existenz die Metamorphose der *psyché* bestätigt. Daoisten nennen deren höchstmögliche Erfahrung *(páthema)* Dao oder großes Dao (Dadao). Ich liefere noch weitere Äquivalente dafür. Dazu zählen *lógos, eón* (SEIN) und *hèn* (EINS). Aber auch Chaos (Gen 1,1-2): *Tohu wa-bohu.*

Vater und Herrscher sind mit „Schöpfer oder Baumeister (Platon: *demiourgos*)“ identisch. Ihm wird all das zugewiesen, was der Akt (Pfeil II) kreiert, der im siebenstufigen Aufstieg (Pfeil I) erfahren wird. Darauf verweisen die „sieben Gefilde“ (Welten, Himmel, Lichter), die angesprochen sind in (Gen 2,1-3) *„Gott hat die Welt in sieben Tagen erschaffen*“. Ich werde diese Aussage, die in Metaphern gefasst und sinnvoll ist, wenn man sie nicht wortwörtlich nimmt, im Teil II des Buches noch ausführlich erklären. Sie ist stimmig mit anderen Schöpfungsmythen (Teil II), weil deren Ursprung ohne Methode im Aufstieg „aus sich heraus“ zustande kommt. Was könnte wahrer sein?

Doch kehren wir zurück zu Salman, Absal und Vater. Meine Leser*innen können – in der Fortsetzung ihrer Lektüre – zunehmend erkennen, warum der Vater dem Sohn empfiehlt, sich von seinen diesseitigen (irdischen) Lüsten, Zwängen und ausgedehntem Handeln zu befreien. Nur so kann Salman die Rückkehr (Pfeil I) zum Ursprung (D) meistern. Doch wie er zeigt, ist es für ihn nicht leicht, das Irdische (Absal) zu verlassen, um sich – von Absal abgewandt – den „himmlischen Dingen (dem Vater)“ anzuvertrauen. Herakles (Herkules) hat es geschafft. Ihm erging es mit Kakia ähnlich wie Salman mit Absal.

Herakles und Kakia

Kakia [19] bezirzte Xenophon zufolge Herakles kurz gefasst mit: [20] „*Du sollst die Früchte der Arbeit anderer genießen und so auf nichts verzichten, was dir Gewinn bringt. Ich gebe meinen Gefährten das Privileg, zu erreichen was sie wollen.*" Als Herakles dies hörte, fragte er: „Lady, sag mir bitte, wie du heißt?" „Meine Freunde nennen mich Glück", sagte sie, „aber unter denen, die mich hassen, heiße ich Kakia". Herakles gelang es, sich von Kakia ab- und sich der Tugend (*arété)* hinzuwenden. Ich hoffe, dass der/die eine oder andere Leser*in schon erkannt hat, dass Kakia auf den G-Trieb in uns hinweist und Herakles den S-Trieb aktivierte und somit Tugend erlangte.

Apollon und *Python*

Auch Apollon gelang der Aufstieg (Pfeil I) bis zur Erleuchtung. Was für Herakles Kakia ist, ist für ihn die Schlange *(python).* Er hat sie getötet und seinen Aufstieg (Pfeil I) damit vollzogen. Interessant ist die Etymologie von Apollon und *python*, die ich noch erkläre, zumal sie der Enthüllung des Mythos dient, der mit allen obigen und folgenden stimmig ist. Wir treffen die Schlange ja auch im *Adam-*

---

[19] Kakia (gr.) bezeichnet das Schlechte in der direkten Übersetzung. https://de.langenscheidt.com/griechisch-deutsch/%CE%BA%CE%B1%CE%BA%CF%8C%CF%82 Sie symbolisiert die Lust auf Weltzugewandtheit. https://en.wikipedia.org/wiki/Kakia (abgerufen am 31.12.2020)

[20] Antonio Orlando Dourado Lopes, *Heracles's weariness and apotheosis in Classical Greek,* Synthesis, vol. 25, no. 2, 2018 Universidad Nacional de La Plata. https://www.redalyc.org/journal/846/84657666007/html/ (abgerufen am 28.08.2021)

Eva-Mythos (AEM) an, den ich ausgiebig erkläre (Kap.3 in Teil II). Er nützt der Interpretation aller bisherigen und folgenden Mythen. Er bestätigt, wie sich bereits andeutet, dass Adam-Eva mit Salman-Absal, Herakles-Kakia und Apollon-Schlange vieles gemein haben. Auch David schaffte es, sich im Aufstieg (Pfeil I) von den diesseitigen Verlockungen und Lüsten, d.h. seinem Ego, zu befreien, und sich somit „selbst zu besiegen".

David und Goliath

Was die Schlange für Apollon und Kakia für Herakles ist, ist Goliath für David. Dafür spricht die Deutung von David als Geliebter, Liebling (Geliebter) von JHWH[21]. Die Etymologie von Goliath verweist, wie ich noch zeige, auf Weltzugewandtheit. Damit deute ich an, dass der S-Trieb, den David erfolgreich einsetzte, mit *philía* („Liebe") und der kulturelle G-Trieb mit ihrem Gegenteil zu tun haben. So werde ich zeigen (Teil II), dass Goliath den Abstieg (Pfeil II) aus dem Garten Eden (D) ins Exil (A) und David die Rückkehr (Pfeil I) dorthin allegorisieren. Diese gelang auch Jesus, so wie David, durch regelmäßiges Üben (Tanzen, Bild 1). Wir lesen[22]: *„Aber er* [Jesus] *hat jenen Tanz [saltationem] aufgetragen, den David vor der arché des Herrn tanzte."* Ich erkläre dieses Zitat ausführlich in Teil II.

---

[21] Die vier Buchstaben in JHWH geben wieder, was sich in viel mehr Details hinter den vier kreisförmigen Symbolen in Bild 2 verbirgt (Teil II).

[22] Isabella Schwaderer, Katharina Waldner (Hg.); *Annäherungen an das Unaussprechliche, Ästhetische Erfahrung in kollektiven religiösen Praktiken*, transcript-Verlag, Bielefeld 2020.

Aphrodite und Persephone

Aphrodite – sie symbolisiert, wie ich noch zeige *philía* – wollte, im Gegensatz zu Absal und Kakia, dem Jüngling Adonis[23] den Aufstieg ermöglichen. Sie geriet mit Persephone darüber in Streit, die ihn davon abhalten wollte. Zeus griff ein und sorgte dafür, dass Adonis sich selber entscheiden konnte, was er auch tat.

Kain und Abel

Ich werde den *Kain-Abel-Mythos* enthüllen (Teil II). Dabei beziehe ich mich auf Philon von Alexandria (ca. 20 v.u.Z-50 n.u.Z.), der als Begründer der jüdischen Philosophie[24] gilt. Er berichtet über beide „Brüder". Kain, der „Mörder" seines Bruders Abel, hat die Entscheidung gefällt, sein weltliches Streben und ausgedehntes Handeln (in A) als Non-plus-ultra anzusehen. Er hat den „esoterischen Quatsch" über das erfahrbare innere Jenseits (Pfeil I), den einige Leser*innen möglicherweise auch in meinem Buch erkennen, ein für alle Mal aus seinem Leben verbannt. Er zog es vor, im Exil (A) zu bleiben und dort zu agieren.

Hinter Abel verbirgt sich der S-Trieb und hinter Kain der G-Trieb. Es sind zwei Aspekte der *psyché* in uns, die in allen obigen und noch folgenden Mythen durch Personen (Salman, Absal usw.) oder Tiere (Schlange, Drache, usw.) symbolisiert sind.

---

[23] Adonis leitet sich vermutlich vom nordwestsemitischen *Adon* „Herr" ab. YHWH wird auch mit „Herr" umschrieben. Vgl. https://www.abarim-publications.com/Meaning/Adonai.html

[24] Philon kannte sich mit der (ersten) *philosophía* aus, woraus ihre diesseitige Projektion, die (zweite) Philosophie, entstanden ist.

Arjuna und Krishna besiegen alle Feinde

Wir lesen – mit Verweis auf die *Bhagavad Gita* (Vers 15), die ich mit anderen zitierten übungsbasierten Lehren, wie z.B. der *philosophía,* in Übereinstimmung bringe – über den Aufstieg durch die drei Welten (Pfeil I, Bild 2): *„Außerdem war der Streitwagen*[25]*, auf dem die beiden Freunde* (Arjuna und Krishna) *saßen, ein Geschenk Agnis* (Feuergott) *an Arjuna, und dies weist darauf hin, dass man mit diesem Streitwagen, wo auch immer er in drei Welten* (Bild 2) *gezogen würde, alle Feinde besiegen konnte."* Auch die *Bhagavad Gita* gehört zum Kanon aller Lehren, die ich als stimmig betrachte, weil sie dem S-Prinzip genügen, in dem alle Mythen ihren Ursprung haben. Es ist der Schlüssel zur Praxis (Bild 1), die meine Schule Daoxing (Dao-Praxis) nennt.

Zum Geschlecht der Metaphern

Natürlich irritierte es auch mich, so wie vermutlich einige meiner Leser*innen, dass die beiden Männer Salman und Herakles den zwei Frauen Absal und Kakia überlegen erscheinen. Zwar ist es in der Beziehung zwischen Aphrodite und Adonis umgekehrt, doch ich werde noch viele Zitate liefern, in denen das Männliche auf- und Weibliche abgewertet zu sein scheint. Doch sowohl Mann (männlich) als auch Frau (weiblich) sind, so wie viele andere Metaphern auch, nicht wortwörtlich zu nehmen. Es sind Allegorien für die zwei Aspekte der *psyché, sóma* und *pneúma,* in uns, die

[25] Ähnlich damit ist die *Allegorie vom Seelenwagen* in Platons *Phaidros* (246a-257a), die ich in Teil II erörtere. Dort zitiere ich auch ähnliche Mythen, die auf den Wagen bezugnehmen.

gegeneinander wirken, was der Aufstieg der *psyché* (Pfeil) bestätigt Wie ich später ausführlich zeige, aktiviert und intensiviert er ihren *pneúma*-Anteil (animus = Adam) und vermindert dabei ihren *sóma*-Anteil (anima = Eva). Im Abstieg ist es umgekehrt. Dies ist eine im Aufstieg erworbene Einsicht, die wesentlich tiefgründiger ist als der durch altiranische Weisheit inspirierte Goethe ausdrückt mit: „Zwei Seelen schlagen, ach, in meiner Brust." Auch möchte ich an dieser Stelle betonen, dass die moderne Dao-Lehre den Äquivalenten (Xing, Qi, Shen) für (*sóma, psyché, pneúma),* die ich noch ausführlich erklären werde, kein Geschlecht zuweist. Hinzu kommt noch, dass *pneúma* mit Geist und *sóma* mit Körper (Leib) übersetzt wird, was ebenfalls zur Verwirrung beiträgt und noch genau erklärt wird. Dann zeige ich, dass *pneúma* dem Perineum (chin: Huiyin = 会阴) und *sóma* dem Gehirn zugewiesen sind.

Stimmigkeit obiger und folgender Metaphern und Mythen

Die Erfahrung im Aufstieg (Pfeil I) ist durch ein Netzwerk von Metaphern beschrieben. Davon steht jede mehr oder weniger in Beziehung zu andern, sodass keine für sich ohne die anderen erklärt werden kann. Deshalb erörtere ich anfänglich Metaphern nur unvollständig, um sie im Folgenden unter Einbezug von weiteren *peu à peu* zunehmend zu erklärenden und somit ihren erfahrbaren Inhalt immer mehr zu beleuchten. Dabei greife ich auch auf ihre Äquivalente in anderen Traditionen zurück um zu zeigen, dass sie zum selben universellen Netzwerk gehören. Dies betrifft nicht nur Metaphern, sondern auch Mythen. Diese kommen, ich wiederhole und ergänze, im Aufstieg dadurch zustande, dass in uns zwei Triebe, S-Trieb und G-Trieb, miteinander streiten (kämpfen, interagieren). Dieser Streit wird von Praktizierenden in Funktion des Übungsfortschritts (P) zunehmend erkannt, wobei der S-Trieb den G-Trieb immer mehr besiegt, was im Abstieg (Pfeil II) umgekehrt erfolgt. Die Unkenntnis dessen, was ich hier anspreche, erklärt warum die traditionellen Lehren verzerrt wurden und das ihnen Gemeinsame, das ich wieder enthülle, so verloren ging.

Ich erkenne z.B. die Metaphern der Dao-Lehre im umfangreichen Werk von Platon, von Vorsokratikern, Neoplatonikern, Philon, Suhrawardi und anderen Weisen wieder. Dies spricht dafür, dass sie alle auf dieselbe oder eine ähnliche Übung (Bild 1) verweisen, die das S-Prinzip einsetzt. Was ich hier kurz andeute und Schritt für Schritt ausführlich begründe, beinhaltet, dass auch Johannes (5 v.u.Z.-30/36 n.u.Z.) und Jesus (ca.7/4 v.u.Z.-30/31 n.u.Z.) mit der *philosophía* – inklusive ihrer übungsbasierten ungeschriebenen Lehre – vertraut waren. Sie eröffnet Übenden, wie ich zeige, den Weg (Pfeil I) zur Wahrheit (gr. *aletheía).*

2. Von der Dao Praxis (Daoxing) zur Dao-Kultur (Wenhua)

Daoxing (Dao-Praxis) generiert Wenhua (Dao- oder Taiji-Kultur: www.taijixue.de). Wenhua ist eine von mehreren traditionellen Kulturen, die ich zitiere, die das S-Prinzip einsetzen, was man an ihren damit generierten in sich und untereinander stimmigen Netzwerken erkennt. Von diesen Kulturen sind, wie es scheint und was ich noch ansprechen werde, wohl die meisten ausgestorben. Wenhua beinhaltet die Dao-Theorie (Daoli), in die ich meine Leser*innen Schritt für Schritt einführe. Sie dient zur Enthüllung aller anderen Lehren. Sie wurde und wird immer noch einzig und allein in der meditativen Innenschau (Bild 1) in der Dao-Praxis – im Kampf zwischen dem S- und G-Trieb – „aus sich heraus" erfasst.

So wie sie ihren Ursprung in der Dao-Praxis hat, hat die *philosophía* ihren in der Praxis des Sterbens (Bild 1). Auch sie ist somit ausschließlich dem S-Prinzip – *Philía*-Prinzip – geschuldet, worauf alle traditionellen Schulen (Traditionen, Lehren) mit eigenem Vokabular hinweisen. Was sie verbindet, sind ihre erfahrbaren Metaphern, die die im Üben erworbene einzigartige Erfahrung (Pfeil I) artikulieren. Diesen sind in den verschiedenen Traditionen zwar unterschiedliche Worthülsen zugewiesen, ihre erfahrbaren Inhalte sind jedoch identisch. Diese hängen, wie bereits erwähnt, vom Übungsfortschritt (P) ab. Insofern liegt ihnen allen dieselbe universelle Erfahrung und das gleiche Netzwerk zugrunde, das auch die folgenden Metaphern und Mythen prägt.

Wie ich noch zeigen werde, ist, was einige meiner Leser*innen irritieren mag, so wie es auch bei mir der Fall war, dass das Paar (*philía, neíkos)* – meist übersetzt mit (Liebe, Hass) – das Äquivalent für (Wuwei, Youwei) in der *philosophía* ist. Ich werde auch den anderen zitierten traditionellen Lehren entsprechende gepaarte Äquivalente zuweisen. Sie dienen zu ihrer Entschlüsselung, d.h. es sind Schlüsselmetaphern, die auf das S-Prinzip hinweisen. Ich hoffe, auch ungeübten Leser*innen die Metaphern, die es in anderen Lehren hervorbringt, Schritt für Schritt zu vermitteln. Dann mag sich der eine oder andere von ihnen fragen: „Warum ging die außergewöhnliche Erfahrung, die das S-Prinzip Übenden zugänglich macht und die Mythen erklärt, dem Westen verloren? Wer und was verursachte den signifikanten Paradigmenwechsel in der Selbst- und Welterkenntnis? War dieser gewollt oder ungewollt? Wenn ja, von wem?“

Suhrawardi: Letzter Vertreter der alten Weisheit im Mittleren Osten

Ich betrachte Suhrawardi als letzten Vertreter der hermetischen (henochischen)[26], pythagoreischen, platonischen Tradition, der an die Öffentlichkeit trat, um sie im Mittleren Osten wiederzubeleben, bevor sie dort endgültig verloren ging. Er sah sich in der Nachfolge (Genealogie) von Bayazid Bastami (803-877), Mansur al-Hallaj (857-922), Abu al-Hassan al-Kharaqani (963-1033) und Ghasab Amo-

[26] Hermes Trismegistos und Enoch (Henoch) sind wohl identisch.

li. Er schreibt am Anfang von *Hikmat al Ishraq:*[27] *„Dies ist ein Buch in dem ich erzähle, was ich in meiner Übung* (im Retreat) *und Vision erfahren habe."* Er nennt seine Erfahrung „Khosrawan: königliche / himmlische Natur" und betont, dass Symbole (Metaphern) seiner Lehre nicht infrage gestellt werden können. Der Grund dafür ist, weil diese, so wie angedeutet und wie ich ausführlich belege, die einzigartige universelle Erfahrung im Aufstieg (Pfeil I) beschreiben, die dem S-Prinzip zu verdanken ist. Al-Shahrazūrī (1181-1245) zitiert ihn:[28] *„Er* (Suhrawardi) *sah aus wie Jesus, seine Charaktereigenschaften waren die eines wandernden normwidrigen* (antinomischen) *Dervishes* (qalandar)." Darauf komme ich in Teil II, wo ich viel über Jesus berichte, zurück. Ich erkenne nämlich die Wahrheit *(aletheía),* wovon er oft spricht, in der Erfahrung (Pfeil I), die Praktizierende durch regelmäßiges Üben (Bild 1) „aus sich heraus" zunehmend sammeln, daher nicht infrage stellen können und somit auch nicht glauben brauchen.

Jesus und Johannes aus iranischer Sicht

Abú Saíd (?- 1049), der vermutlich den „Weg (tariqa) zur Wahrheit (haqiqa)" (Pfeil I) noch lehrte, schreibt[29], dass

---

[27] S. 43 in J. Walbridge; *The Wisdom of the Mystic East. Suhrawardi and the Platonic Orientalism*, State University of New York Press 2001.

[28] S. 95. Shihābudin Suhrawerdī Maqtūl; *Three Treatises on Mysticism,* übersetzt von Otto Spies and, S.K. Khatak in: *Ouvres Philosophiques et Mystiques.* Tome III 1934.

[29] R.A. Nicholson; *Studies In Islamic Mystic* (Band II), Routledge 1998.

Jesus im Alter von 40 Jahren vollständig erleuchtet war, was sonst niemandem außer Yahiya Ibn Zakariyya (Johannes dem Täufer) gelang. Shams Tabrizi (1185-1248), Lehrer von Rumi (1207-1273), zitiert Jesus in *Erzählungen* (Maqalat)[30] mit: *„O Volk von Nazareth, du kennst Moses nicht gut. Komm und sei mit mir, damit du Moses kennst."* Suhrawardi sagt: [31] *„Jesus wird ‚Geist Gottes' genannt, und außerdem nennt man ihn lógos* (Wort)". Er schreibt:[32] *„Christus* (Sheikh[33] Isa bin Maryam) *lehrte die Wiedergeburt in einer höheren Welt."*

Tanz und Gesang überirdischer *Sphären*

Die Praxis Jesu ist in den *Johannesakten* in der *Todes-Hymne Christi* angesprochen[34]*: „Und* (er Jesus) *fordert die Jünger auf, diesen allumfassenden Tanz* (Todes-Tanz, Bild 1) *im Innern lebendig zu erfahren, als der verborgene Sinn, der zur Vollendung führt, zur selbstlosen allumfassenden Liebe (philía). Und wer nicht tanzt hat den Sinn, der zur*

---

[30] The Conversations (Maqalat) of Shams of Tabriz: https://sufism.org/sufism/writings-on-sufism/the-conversations-maqalat-of-shams-of-tabriz-2 (abgerufen am 01.02.2021).

[31] Löber, Bettina: *Begegnungen mit Suhrawardi.* https://stiftung-rosenkreuz.org/blog/begegnung-mit-suhrawardi/ (abgerufen am 01.02.2021).

[32] Horten, Max; *Die Philosophie der Erleuchtung nach Suhrawardi,* Georg Holms Verlag 1981.

[33] Führer oder Kopf einer Gruppe.

[34] Troxler (D. Munger); *Gegenwart,* Band 55. https://books.google.de/books?id=rH4kAQAAIAAJ&q=Johannesakten+reigen+kreuzigen (abgerufen am 01.02.2021).

Vollendung führt, nicht erfasst!“ Wir lesen weiter:[35] [36] *„Er* (Jesus) *lässt sie* (seine Apostel) *einen Kreis bilden, in dessen Mitte er sich stellt.“ [...] Dem ‚Tanz und Gesang der Jünger‘ korrespondiert der ‚Tanz und Gesang überirdischer Sphären* (Bild 2)‘ *und dadurch wird ein ‚Zugang* (Pfeil I) *zur transzendenten Welt ‘geöffnet.“* Ich erinnere an: *„Aber er* [Jesus] *hat jenen Tanz [saltationem] aufgetragen, den David vor der arché des Herrn tanzte.*“ Jesus vermittelt sich Johannes mit:[37] *„Nichts von dem, was sie sagen, habe ich erlitten, aber auch jenes ‚Leid[38]‘, das ich tanzend dir und den übrigen gezeigt habe, will ich ein mystérion genannt wissen.“* So wie „Tanz“ eine Metapher für die hypothesenfreie Übung ist, ist es auch „Gesang“. Dahinter verbergen sich wohl spontane Artikulierungen von außergewöhnlichen Wahrnehmungen, die das „trunkenhafte Tanzen“ „aus sich heraus“ hervorbringt.

Zur Fähigkeit Jesu, Schüler(innen) auf den Weg zu bringen, zählt (*Thomas Evangelium*, Logion 114): *„Seht, ich werde sie* (Maria Magdalena) *männlich machen, so dass sie ein lebendiger Geist wird, wie auch ihr Männer! Denn jede Frau, wenn sie sich männlich macht, geht ins Himmelreich ein.“* „Männlich machen“ ist eine Metapher für den Wandel der *psyché* (Pfeil I) im Aufstieg von *sóma* zu

---

[35] S. 145 in Armin Morich (Hrsg); *Kosmischer Tanz: Eranos 2015 und 2016* (Deutsch), Taschenbuch, Schwabe Verlag 2017.

[36] S. 66 in Isabella Schwaderer (Hrg.), Katharina Waldner (Hrg.); *Annäherungen an das Unaussprechliche: Ästhetische Erfahrung in kollektiven religiösen Praktiken,* transcript-Verlag 2020.

[37] S. 67 Ebda.

[38] „Leid“ mag durchaus freudvoll sein. Man denke z.B. an den Schmerz, den eine Frau bei der Geburt erträgt.

pneúma, den ich noch ausführlich beschreiben werde. Während „männlich“ für „geistig“ steht, steht „weiblich“ für „irdisch“. Ich wiederhole: Mit dem Vergeistigungsprozess im Aufstieg ist keine Abwertung der Frau gemeint. Ich erinnere daran, worauf ich noch zurückkomme, dass *pneúma* (Geist) nicht dem Kopf, sondern dem Perineum zuzuweisen ist.

Obige und folgenden Worte von Jesus sind stimmig mit (Mk 10,15): *„Wahrlich, ich sage euch: Wer das Reich Gottes nicht empfängt wie ein Kind, der wird nicht hineinkommen.“* „Kind“ ist eine Metapher, die sich auf das Ende des Aufstiegs (Pfeil I) – Ursprung (D) des Akts (Pfeil II) – bezieht. Darauf verweist Jesus mit (Mat 18,13)[39]: *„Werdet wie die Kinder.“* Den Weg dorthin – von *sóma* zu *pneúma* (Pfeil I) – drückt Platon aus mit, ich wiederhole (Phaidon 64a): *„Andere Menschen sind sich wahrscheinlich nicht darüber im Klaren, dass diejenigen, die die philosophía korrekt ausüben, nicht anderes tun als ‚sterben‘ und* (um) *‚tot‘ zu sein.“* Auch Sterben und Tod sind nicht wortwörtlich zu nehmen. Sterben verweist auf den Aufstieg und Tod auf die Erleuchtung. Dies gilt auch für *fanā*[40], das arabische Wort, das Suhrawardi benutzt im Sinne von: *Sterben, bevor man stirbt*. Das erste Sterben verweist auf den Aufstieg (Pfeil I, Bild 2), das zweite auf leibliches Sterben. Ich zitiere in Teil II Jesus, der bekanntlich „in Gleichnissen redet“ und ebenfalls vom „Sterben“ spricht.

---

[39] Ich zitiere in Teil II weitere Autoren die mit ähnlichen Worten dieselbe Aussage treffen und dabei unterschiedliche Facetten davon betonen.

[40] S. 73 in Mehdi Amin Razavi Aminrazavi; *Suhrawardi and the School of Illumination*, Routledge 1996.

Zwei unterschiedliche Auslegungen der Metaphern

Es gibt, was meine Leser*innen sicherlich bereits bemerkt haben, zwei Auslegungen der Metaphern. Die erste nimmt sie wortwörtlich. Sie ist spekulativ und liefert widersprüchliche Aussagen, auch wenn die eine oder andere davon plausibel erscheinen mag. Sie bewirkt z.B., dass *lógos* – Äquivalent für Dao – in der *philosophía* und auch im *Neuen Testament* (NT) mit Wort übersetzt wird. Die zweite Auslegung (Hermeneutik) ist in Metaphern gefasst. Sie ist für Erleuchtete eindeutig, denn sie wird durch ihre übersinnliche Aufstiegserfahrung, die sich mit Übungsfortschritt (P) intensiviert, bestätigt. Sie kann daher von ihnen nicht angezweifelt werden, nur von denen, die sie nicht mit ihnen teilen, es entweder glauben oder nicht. Dazu ein Beispiel, das ich in Teil II ausführlich erörtere. Mehrere Meister – z.B. Plotin (Enn. 4. 3.11,14-22) – unterscheiden zwischen der sichtbaren und „hyperkosmischen" Sonne (*hélios)*, die die höchste Erfahrung im Aufstieg allegorisiert. Texte, in denen *hélios, ástron* (Stern), *planétes* (Planet), *astronomía* (Astronomie), *nómos* (Gesetz) zitiert werden, sind also nicht – so wie es oft geschieht – wortwörtlich zu nehmen. Sie sind vielmehr in Metaphern gefasst, die den Aufstieg im *kósmos* (Psychokosmos) von A bis D (Bild 2) beschreiben.

Was für *lógos*, *hélios* usw. gilt, trifft für alle Metaphern zu, deren Inhalte im Aufstieg übersinnlich erfahren werden. Ich hätte deren Bedeutung nicht erkannt, wenn Fangfu seinen Schülern nicht die äquivalenten Dao-Metaphern erklärt und ich sie im Üben nicht auch schon teilweise bestätigt hätte. Fangfu unterscheidet klar zwischen sinnlicher und übersinnlicher Wahrnehmung (ESP = *extraordinary sense perception),* die mit dem Übungsfortschritt (P) zunimmt. Auf die erste verweisen die Yin-Liugen und auf die zweite die Yang-Liugen,

Yin-Liugen und Yang-Liugen

Menschen verlassen sich in der Regel auf ihre fünf gewöhnlichen Sinne und das sie koordinierende Bewusstsein. Daoisten nennen sie Yin-Liugen (sechs Yin-Wurzeln). Im Aufstieg (Pfeil I) werden jedoch – durch Intensivierung von Wuwei – zunehmend „aus sich heraus" die in uns verschütteten Yang-Liugen (sechs Yang-Wurzeln) (wieder)erweckt. Es sind fünf außergewöhnliche Sinne (Mischsinne) und das sie koordinierende Bewusstsein. Sie erweitern sich mit Übungsfortschritt (P). Es gilt: „Wenn die Yang-Wurzeln aktiv sind, sind die Yin-Wurzeln inaktiv und umgekehrt." Mit Yang-Liugen wird durch Wiedererinnerung *(anamnésis)* (Pfeil I) zunehmend das verlorene WISSEN (Taijixue, *epistéme*) aufgedeckt (enthüllt), das im Schöpfungsakt (Pfeil II) verschüttet wurde. Damit verändert sich auch das mit Yin-Liugen wahrgenommene Diesseits, d.h. man sieht es mit neuen Augen.

Aphrosýne* und *sophrosýne

Auch die Meister der *philosophía* machen, wenn auch weniger präzise, diese Unterscheidung. Sie benutzen *aphrosýne* für Yin-Liugen und *sophrosýne* für Yang-Liugen. *Sophrosýne* wird ohne Übungsbezug inkorrekt mit Besinnung (Besonnenheit) übersetzt. Ihr steht die *aphrosýne* gegenüber, die inkorrekt mit Sinnlosigkeit übersetzt wird. *Sýne* bedeutet Gemeinsames und *aphro* verweist auf das

Gegenteil. *Sophrosýne* beinhaltet, dass es zu ESP-Wahrnehmungen über *sophrón,* das Weise, das im Aufstieg (Pfeil I) aus *eón* emaniert, kommt. Auch *eón* ist, wie *lógos* und *hélios,* ein Äquivalent für die höchste Erfahrung im Aufstieg. Diese erfordert die Überwindung der *aphrosýne*, die impliziert, dass nur gewöhnliche Sinne (Yin-Liugen) zum Einsatz kommen. Wenn ich im Folgenden vom (gewöhnlichen) Sehen spreche, so nehme ich Bezug auf *aphrosýne*, wenn ich vom (außergewöhnlichem) SEHEN spreche auf *sophrosýne.* Hinter Sehen (SEHEN) verbirgt sich also, worauf die Yin (Yang)-Liugen hinweisen, mehr als nur der Sehsinn (SEHSINN). Es sind alle fünf Sinne (SINNE) und das sie koordinierende Bewusstsein (BEWUSSTSEIN).

Auf Sehen (SEHEN) verweist auch Platon, so wie ich noch zeige, mit „Sehen (SEHEN) mit den Augen von *sóma (psyché)".* Ihre Fehlinterpretation kommt, so wie die von *lógos*, *hélios*, *aphrosýne* und *sophrosýne* und vielen anderen im Aufstieg erkannten Metaphern dadurch zustande, dass Jenseitiges auf Diesseitiges projiziert wird. Dies bestätigen die Übersetzungen von *lógos* mit Wort, *hélios* mit Sonne, *aphrosýne* mit Sinnlosigkeit und *sophrosýne* mit Besinnung, die nicht wiedergeben, was ursprünglich dahintersteckt und erfahren wird. Was für sie zutrifft, gilt für die meisten Metaphern der *philosophía,* z.B. *philía*, *sophía*, *aletheía* usw.

Ursache der Fehlauslegung Traditioneller Lehren

Alle Metaphern der *philosophía (theología)* nehmen ihren Ursprung in der *meléte thanátou* (Bild 1), d.h. sie artikulieren die damit erworbene ESP-Erfahrung (Wahrnehmung mit Yang-Liugen). Was ich im Folgenden darüber berichte, sollte ausreichen, auch ohne Üben die sich daraus ergebenden Metaphern und deren innige Beziehung und Verknüpfungen untereinander zu erahnen. Es sollte helfen zu erkennen, dass die Metaphern meist inkorrekt übersetzt sind. Ein typisches Beispiel ist wie angedeutet: *Philosophía* = Liebe *(philía)* zur Weisheit *(sophía)*. Diese Gleichsetzung (Übersetzung) ist im Widerspruch damit, dass *philosophía* nichts anderes als freudvolles „Sterben“ ist, um zu erfahren, was „tot sein (in der Erleuchtung)“ ist. Damit spreche ich indirekt die Praxis an, die – im Übergang (Pfeil I) von *aphrosýne* zu *sophrosýne* – alles Vokabular der *philosophía* hervorbringt und somit zu immer mehr *sophía* führt. Was sich dahinter verbirgt und erfahren wird, wird noch ausführlich angesprochen, soweit es mit Worten möglich ist. Was für die *philosophía* – mit *philía* zu *sophía* –gilt, trifft für alle andern Lehren, die das S-Prinzip einsetzen, ebenfalls zu. Sie lassen sich an ihren übereinstimmenden Netzwerken ihrer noch unverzerrten Metaphern erkennen.

Jesus: Ein erleuchteter *philósophos*

Was ich nun kurz über Jesus andeute und in Teil II noch ausführlich begründe, deutet darauf hin, dass er mit der *philosophía* vertraut war. Dies belegen viele seiner ihm zugewiesenen Äußerungen, die mit denen der anderen von mir zitierten Meister stimmig sind. Ihnen allen geht es darum, Schülern den Aufstieg zu ermöglichen. Auch Jesus wollte, dass aus seinen Schülern (*mathétai*)[41] ein lebendiger Geist (*pneúma)* werde, was nicht leicht ist, denn es gilt

[41] Plural von *mathétés* (Jünger, Schüler).

so wie angedeutet (Mat 26,41): *„Das Fleisch (sarx) ist schwach."* Ich zeige später, dass *sarx = sóma* und diese Aussage mit Platon, Gorgias 493a2-3, wahrscheinlich von Pythagoras, übereinstimmt: *„Der Leib (sóma) ist das Grab (séma)."* Hier sind Leib und Grab nicht wortwörtlich zu nehmen, denn auch sie verweisen auf den spirituellen Aufstieg, den Wandel (Pfeil I) der *psyché.* Er fußt auf der Einsicht, dass die diesseitige Welt (A) eingeschränkt wahrgenommen wird, weil dort gilt: *psyché = sóma = sarx = séma.*

Ich werde diese Gleichsetzung und den Aufstieg (Pfeil I) der *psyché* von *sóma* zu *pneúma* noch ausführlich erklären. Dazu ist zu bemerken, dass Paulus von Tarsus (ca. 10 v.u.Z-60 n.u.Z.) „Fleisch" – mit der (biblisch-jüdisch belegten) Konnotation von Vergänglichkeit und Sterblichkeit (vgl. Jes 40,6) – dem von mir oft zitierten „Geist (*pneúma)*" gegenüberstellt. Damit deutet auch er – im Einklang mit den von mir zitierten Meistern – an, dass *pneúma* – im Gegensatz zu Fleisch *(sarx)* – unvergänglich (unsterblich) ist, worauf ich noch zurückkomme. Doch es bleibt offen, ob er *pneúma* dem Perineum zuweist, so wie es Jesus getan haben sollte.

Liebt weder (ausschließlich) die Welt, noch was in der Welt ist!

Pneúma ist nicht, wie schon angedeutet, was allgemeinsprachlich ohne Übungsbezug dem Geist meist zugewiesen und mit dem Kopf assoziiert wird: Verstand, Vernunft, Ratio, Logik und Intellekt. Dies bestätigt die Gleichsetzung Shen = *pneúma,* die ich später ausführlich erkläre. Dies tue ich, wenn ich die dreigeteilte *psyché* (Bild 2) anspreche, die sich hinter dem Triplet (*sóma, psyché, pneúma)* verbirgt, welches in [Xing (形), Qi (氣), Shen (神)], das Fangfu ausführlich erörterte, sein daoistisches Äquivalent hat. Damit sollten Leser*innen mehr als bisher erkennen, dass *sóma* und *sarx* die körperliche (leibliche, irdische) Welt (A, Welt der sinnlichen Wahrnehmung = *aphrosýne*) beschreibt. Es ist die Welt, von der auch Jesus – im Einklang mit allen Meistern – empfiehlt, sich zu entziehen (Pfeil I), denn nur so konnte er seinen Wandel – weg vom Fleisch *(sarx)* hin zum Geist (*pneúma)* – vollziehen, in den er seine Schüler einwies (1. Joh 2,15); *„Liebt nicht die Welt noch was in der Welt ist!"*

Nicht nur Jesus sprach in Gleichnissen

Obige und folgende Zitate, die Jesus zugewiesen und in sich und mit der *philosophía* und ihren äquivalenten Lehren stimmig sind, erfordern die Akzeptanz der ursprünglichen Bedeutung der übungsbezogenen Metaphern, die unzureichend mit Geist, Fleisch, Grab, männlich, Kind, Reich, Leib usw. übersetzt werden. Ohne ihre erfahrbaren immateriellen (spirituellen) Inhalte zu erkennen, bleiben die einzigartigen Eingebungen, die Jesus mit anderen Erleuchteten, die das S-Prinzip einsetzten, teilt, verborgen. Wer seine Metaphern, so wie ich diese – im Einklang mit der Dao-Lehre, *philosophía*, anderen traditionellen Lehren und mit Verweis auf Bild 2 – erkläre hingegen akzeptiert, erkennt, was ich über ihn vermitteln möchte. Es impliziert, dass seine *psyché* drei Metamorphosen im Aufstieg (Pfeil I) vollzog. Dabei ist *sóma* ihre unterste und *pneúma* ihre oberste. Philon und Suhrawardi setzen *sóma* mit Eva und *pneúma* mit Adam gleich. Darüber gibt es noch viel zu berichten, zumal der AEM in seiner vorliegenden Form nicht wiedergibt, was beide Männer Adam und Eva zuweisen und ich, im Einklang mit der Dao-Lehre, erörtere und enthülle (Teil II).

Zur Enthüllung des *Adam-Eva-Mythos*

Der AEM ist, so wie alle bisher angesprochenen und noch folgenden Mythen, in Metaphern gefasst, deren spirituelle Inhalte im Aufstieg erfahren werden und den Abstieg (Akt) beschreiben. Damit deute ich an, dass die Verfasser der Urversion der *Genesis* inklusive AEM mit dem S-Prinzip vertraut waren. Dies heißt, ihnen war die übungsbasierte *philosophía* – wie auch immer sie genannt wird – bekannt, ebenso, dass das S-Prinzip das umfangreiche Netzwerk von Metaphern generiert, das die Erfahrung im Aufstieg, die mit Übungsfortschritt (P) zunimmt, artikuliert. Ich weise ihm, außer den beiden genannten Schlüsselmetaphern (*philía, neíkos)* noch weitere zu, die in der mir vertrauten Dao-Lehre ihre Äquivalente haben. Sie helfen, äquivalente Lehren zu suchen, zu finden und diese auch damit zu enthüllen. Auf diese Weise entdeckte ich mehrere traditionelle Lehren, die mit der Dao-Lehre und *philosophía* stimmig sind. Sie alle stammen aus einer Zeit, in der die übersinnlich erfahrbare Spiritualität im Vergleich zu heute offenbar einen großen Stellenwert hatte. Sie ging jedoch in vielen Kulturen verloren, wie ich zeigen werde, wozu auch die christliche zählt.

3. Schlüsselmetaphern und Mustererkennung

Im Netzwerk der Metaphern der *philosophía* befinden sich neben dem Paar (*philía, neíkos*) noch weitere, die besonders hilfreich sind, es zu erkennen und zu entschlüsseln. Ihnen schenke ich im Folgenden meine besondere Aufmerksamkeit. Die Situation ist vergleichbar mit dem Netzwerk der Sterne am Himmelszelt. Wer den Großen Wagen, Orion oder das Kreuz des Südens anspricht, verweist meist damit darauf, dass sie zur Orientierung im Netzwerk am Himmel, mit all seinen Sternen nützlich sind.

Im immateriellen Netzwerk der Dao-Lehre, *philosophía* und weiteren damit äquivalenten Lehren sind es acht Metaphern, die in der Dao-Lehre zu Sanjixue – Lehre (Xue) der drei (San) Welten (Jie) – gehören. Auch sie sind, so wie alle anderen, aus dem S-Prinzip hervorgegangen. Ich hätte ohne meine Vertrautheit mit Sanjiexue, die ich sogleich kurz und danach zunehmend erörtere, nicht erkannt, was Meister anderer Kulturen über ihre äquivalenten Metaphern mit vielen Be- und Umschreibungen berichten, die ebenfalls dem S-Prinzip genügen. Diese werden jedoch in der Regel ohne Übungsbezug inkorrekt interpretiert. Ist man jedoch, so wie ich, mit Sanjixue vertraut, so sind seine acht Metaphern in anderen Lehren oft ausfindig zu machen, sofern diese nicht allzu sehr durch Unkenntnis der Übung verzerrt sind.

Auf diese Weise konnte ich nicht nur Metaphern der *philosophía* aus der Philosophie, sondern dem griechischen *Alten Testament* (AT), *Neuen Testament* (NT), gnostischen und apokryphen Schriften, die auf Jesus verweisen, extrahieren. Dies gelang mir durch Mustererkennung, d.h. ich benutzte das mir bekannte Muster in der Dao-Lehre, um eine noch unbekannte (meist verzerrte) Lehre als damit identisch zu erkennen und zu enthüllen. So erkannte ich (*sóma, psyché, pneúma)* = (Xing, Qi, Shen) und andere damit stimmige Gleichsetzungen.

Diese Vorgehensweise nützt also, in einem durch Unkenntnis der Metaphern verzerrten Netzwerk (Muster) das mir vertraute korrekte daoistische zu identifizieren. Sie dient auch dem Zweck aufzudecken, was dem Netzwerk eventuell fälschlich hinzugefügt wurde und mit dem S-Prinzip nicht im Einklang ist. Dafür liefere ich genügend Beispiele aus dem AT und der Lehre Jesu im NT (Teil II). Bevor ich Teile ihrer Netzwerk mithilfe der Dao-Lehre rekonstruierte, schenkte ich erst einmal meine Aufmerksamkeit dem Netzwerk der *philosophía,* das mit dem der Dao-Lehre sehr gut übereinstimmt. Danach widmete ich mich den anderen Lehren, die ich auch damit in Übereinstimmung bringen konnte. So erkannte ich, dass auch sie dem S-Prinzip genügen, eine Lehre der drei Welten haben und somit universell sind.

Sanjiexue: Lehre der drei Welten

Die acht Metaphern von Sanjiexue sind (Wu, Wuyou = Taiji, You), (Shen, Qi, Xing) und (Wuwei, Youwei). Die beiden Triplets sind in Bild 2 eingetragen. Beim ersten handelt es sich um drei Welten und beim zweiten um deren Inhalte, auch Existenzen genannt. Die drei Welten, auch Taiji-Welten genannt, werden im Aufstieg zunehmend erfahren. Dieser gelingt in der oben beschriebenen Interaktion zwischen Wuwei und Youwei. Wer die acht Metaphern oder nur einige davon in der Dao-Lehre kompetent zitiert, deutet damit an, dass er mit dem Wuwei Prinzip (S-Prinzip) vertraut ist, welches die Inhalte aller acht und vieler weiteren Metaphern im Aufstieg „aus sich heraus“ erfahren lässt. Der Aufstieg impliziert: Das im Üben zunehmend erfahrbare Qi verwandelt sich – infolge der Zunahme von Wuwei (Wirken aus Wu) bei gleichzeitiger Abnahme von Youwei (Wirken aus You) – von Xing (in You) über Qi (in Wuyou) zu Shen (in Wu). Im Abstieg ist es umgekehrt.

Auf die gerade geschilderte Weise werden also alle acht Metaphern, gemeinsam mit allen weiteren des sehr umfangreichen Dao-Netzwerks, im dreistufigen Aufstieg (Pfeil I) erkannt und beschreiben auch den Abstieg (Pfeil II). Was ich hier über den dreistufigen Wandel des Qi, der sich hinter (Shen, Qi, Xing) verbirgt, anspreche, sagt den meisten meiner Leser*innen vermutlich wenig. Klarheit schafft jedoch die durch Mustererkennung erworbene Einsicht: (Shen, Qi, Xing) = (*sóma, psyché*, *pneúma*). Darüber berichte ich im Detail, wenn ich später die Gleichsetzung *psyché* = Qi und die drei Metamorphosen von Qi (*psyché)* im Auf- und Abstieg ausführlich erörtere. Dann werden meine Leser*innen hoffentlich erkennen, dass sich viele Zitate und Mythen aus verschiedenen Kulturen und auch aus der Bibel damit erklären lassen. Dies gilt auch für die bereits zitierten Mythen. Ich hätte diese ohne Sanjiexue – Lehre der drei Welten (LDDW) – nicht erkannt. Wer meiner Auslegung der Mythen zustimmt, wird auch das S-Prinzip akzeptieren, das diese hervorbringt. Er wird mir hoffentlich zubilligen, dass die Mythen aus einer Zeit stammen, in der die LDDW im Bewusstsein ihrer Verfasser und von ihren Zuhörern noch tief verankert war.

Auslegung von Metaphern, die dem S- Prinzip genügen

Da die acht Metaphern von Sanjiexue innige Beziehungen untereinander und zu weiteren im Netzwerk haben, heißt dies, dass keine einzelne für sich – ohne Bezug zu den anderen – ausreichend erkannt und erörtert werden kann. Dies gelingt nur, ich wiederhole, indem jede einzelne von ihnen mit allen anderen, die ebenfalls zu erklären sind, in Verbindung gebracht wird. Es würde z.B. wenig Sinn machen, im Triplet (*sóma, psyché, pneúma*) jede der drei Metaphern für sich alleine – ohne Bezug zu allen anderen – ausführlich zu erklären. Der Grund ist, dass sie alle innig miteinander verknüpft sind. Sie sind zudem ohne Verweis auf den Auf- und Abstieg nicht zu erfassen.

Was ich andeute, bedeutet, dass ich im Folgenden, so wie schon angedeutet, immer wieder zu denselben Metaphern zurückkehre, um sie – unter Einbezug von anderen noch zu erklärenden – Schritt für Schritt zunehmend umfassender als zuvor zu beleuchten. Damit lässt sich immer mehr erahnen, um was es beim Netzwerk geht, in welcher Beziehung seine Metaphern dort zueinanderstehen und wo genau sie im *kósmos* (A bis D, Bild 2) zu platzieren sind. Hinter *sóma, psyché, pneúma* verbergen sich z.B. im Aufstieg stufenweise intensivierende ESP-Wahrnehmungen, die vom Übungsfortschritt (P) abhängen und die auch den Akt (Pfeil II) beschreiben. Es geht dabei, wie angedeutet, um die dreistufige Metamorphose der *psyché*.

Leider sind die Metaphern, durch Unkenntnis des S-Prinzips, jedoch meist verzerrt, was ihre Enthüllung erschwert. Was z.B. ohne Übungsbezug über (*sóma, psyché, pneúma*), übersetzt mit (Körper, Seele, Geist), berichtet wird, verzerrt was sich ursprünglich dahinter verbirgt und – um mit Jesus zu sprechen – in ein Reich (Joh 18,36) fällt, das nicht von dieser Welt ist. Jesus bestätigt mit weiteren damit stimmigen Aussagen, die ich zitieren werde, was ich dem „Reich (*kósmos)*" zuweise: Es ist alles, was das S-Prinzip hervorbringt, in sich stimmig ist und aus verzerrten Äußerungen darüber durch Mustererkennung zu entnehmen ist. Dies zeigen viele Zitate, die die Wichtigkeit der LDDW für deren Auslegungen erkennen lassen.

Aphrosýne: Hindernis für außergewöhnliche Erkenntnis

Was von Praktizierenden (Bild 1) über die *philosophía* mit *sophrosýne* (Yang-Liugen, ESP-Wahrnehmung) im Aufstieg zunehmend erfahren wird, bleibt mit *aphrosýne* (gewöhnliche Wahrnehmung, Yin-Liugen) unerkannt. Damit deute ich an, warum – so wie schon angesprochen – Jesus, so wie alle Meister, „in Gleichnissen (Allegorien, Metaphern Jesus) spricht" (Mat 13,10-17): *„Mit den Ohren werdet ihr hören und werdet nicht verstehen; und mit sehenden Augen werdet ihr sehen und werdet nicht erkennen."* Ich erkenne darin einen seiner vielen Hinweise, dass er sich des Unterschieds zwischen weltlichem Wissen (*empeiría),* das auf *aphrosýne* basiert, und dem einzigartigen Erfahrungswissen (*epistéme, gnosis),* das im Aufstieg mit *sophrosýne* zunehmend erworben wird, bewusst war.

Beziehung zwischen *empeiría (epistéme)* und *aphrosýne (empeiría)*

Die *empeiría* ist all das Wissen, was mit weltlichen Sinnen (*aphrosýne)* im Diesseits (A) erfasst wird. Die *epistéme* ist all das WISSEN, was mit außergewöhnlichen Sinnen (*sophrosýne)* im Aufstieg (von A zu D) zunehmend erkannt wird und nicht weniger umfassend als die *empeiría* ist. Die *epistéme* entspricht dem Dao- oder Taiji-Wissen (Taijixue). Sie emaniert (fließt) „aus sich heraus" aus der im Aufstieg erfahrbaren höchsten Realität: Dao = Taiji = *lógos (theós, eón, hélios).* Dao usw. wird auch mit Chaos und vielen anderen Metaphern und Attributen ausgedrückt.

Während die *empeiría* der Literatur zu entnehmen ist, gilt dies nicht für die *epistéme,* die auf die Erfahrung *(páthema)* im Aufstieg zurückgreift. Ohne ihn ist ihre Einzigartigkeit und Universalität nicht zu erfassen. Sie wird ohne sie verzerrt. Dies hat aber die Meister inklusive Jesu nicht davon abgehalten, dennoch über sie zu berichten. Dies werde auch ich tun, zumal ohne *epistéme* und ohne Übungsbezug die umfangreiche Literatur der *philosophía* unerkannt bleibt. Was für sie zutrifft, gilt auch für die damit stimmigen Lehren, die ich zitieren werde. Sie alle haben Äquivalente für die *epistéme,* über die mangels Kenntnis des S-Prinzips viel Wirres berichtet wird. Dies bestätigen viele Beispiele, die ich enthülle.

„Dichtkunst" über die *epistéme*

Hier kommt ein Beispiel:[42] „Episteme bezeichnet philosophiegeschichtlich das universal gültige, wissenschaftliche und vernünftige Wissen, das keinem historischen Wandel unterliegt und der ‚doxa' gegenübergestellt wird, unter der

---

[42] S. 246-249 in *Foucault-Handbuch, Leben — Werk — Wirkung.* https://link.springer.com/book/10.1007/978-3-476-01378-1 (abgerufen am 22.11.2020)

bloße Meinungen, Glaubensauffassungen und Vorurteile zusammengefasst werden, die nur begrenzt gültig und historisch veränderlich sind." Der Verfasser dieser Worte erkennt in der ihm unvertrauten *epistéme* die ihm vertraute *empeiría.* Er ist nicht der einzige Interpret, der sie gänzlich missversteht. Was er ihr zuweist ist durch seine Hocheinschätzung der *empeiría* geprägt, zu der auch die Wissenschaft zählt. Ihr Wissen ist weit vom unvergänglichen WISSEN *(epistéme)* über die ewig schöpferische NATUR *(phýsis)* entfernt, das im Aufstieg hypothesenfrei erworben wird und sich in der Erleuchtung (in D) gänzlich offenbart.

Taiji = Dao = Wuyou = *lógos* = *theós* = *eón*

Würde ich nur die Dao-Lehre und ihr im Aufstieg erworbenes Vokabular erklären, würden viele meiner Leser*innen gewiss weniger Interesse am Thema dieses Buches bekunden. Ich erhoffe mir, dass ihr Interesse zunimmt, wenn ich von Anfang an das Vokabular der Dao-Lehre mit dem der *philosophía* erkläre, um dieses auch damit aufzudecken, was nur Schritt für Schritt erfolgen kann. Ich benutze daher von nun an mehr als bisher die mir vertrauten acht Metaphern der LDDW der Dao-Lehre, um damit die der LDDW in der *philosophía* aufzufinden und zu erklären. Indem ich beide Lehren Schritt für Schritt zunehmend in Beziehung setze, erkläre ich auch gleichzeitig das Vokabular beider Lehren. Nehmen wir z.B. die Metapher Taiji. Sie ist ein Äquivalent für Dao und somit der wichtigste Begriff in der Dao (Taiji)-Lehre.

Konfuzius führt Taiji erstmals als Äquivalent für Dao in seinen *Kommentaren* zum *Buch der Wandlungen* (Yijing = I Ching) ein. Taiji bezeichnet den Zustand jeder Existenzform „vor dem allerersten Anfang und nach dem allerletzten Ende". Zu den griechischen Äquivalenten von Taiji zählen *lógos, theós, eón* und weitere. Dahinter verbirgt sich die höchste im Aufstieg erfahrbare Realität. Sie hat als oberste Grenze (Bild 2) das absolute Nichts (D). Aus Taiji (Dao, *lógos, theós, eón)* emaniert alles was im Aufstieg (Pfeil I) zunehmend erfahren wird und den Schöpfungsakt (Pfeil II) beschreibt. Es „fließt" sozusagen dem Übenden in seiner Innenschau (Bild 1) im Aufstieg entgegen. Ich werde die Äquivalenz, Taiji = Dao = Wuyou = *lógos* = *theós* = *eón,* Schritt für Schritt begründen und mit weiteren damit äquivalenten Metaphern ergänzen. Sie alle artikulieren die im Aufstieg erfahrbare höchste Realität.

Mangelnde Einsicht in den *lógos*

So wie das Netzwerk der Dao-Lehre die Erfahrung beschreibt, die im Aufstieg aus Taiji emaniert, so geht auch das der *philosophía* aus dem *lógos* hervor, der alles Diesseitige (A) kreiert (Pfeil II). Darauf verweisen und fußen viele kompetente Aussagen des von mir oft zitierten Heraklit von Ephesus (ca. 535-450 v.u.Z.). Er beschreibt den *lógos* mit (DK 22 B2): *„Aber obschon der lógos allen gemein ist, leben die meisten doch so, als ob sie eine eigene Einsicht* (darüber) *hätten."* Seine Worte sind stimmig mit: *„Der lógos kommt in die Welt und erleuchtet die Menschen* (Joh 1,9). *Doch die Welt kannte ihn nicht* (Joh. 1,10) *und die Seinen nahmen ihn nicht auf* (Joh 1,11). *Die ihn aufnehmen, macht er zu Kindern Gottes* (Joh 1,12). Menschen erkennen den *lógos* deshalb nicht, weil er – auf der Basis der *aphrosýne* – Worten und Schrift nicht zu entnehmen ist. Bei Laozi liest sich dies (Kap. 1): *„Das Dao, worüber man* *sprechen kann, ist nicht das wahre Dao.“* Es geht Laozi und allen anderen Dao-Meistern darum, dass ihre Schüler erkennen, was sich ursprünglich hinter deren Worten (Worthülsen) verbirgt und – in Funktion des Übungsfortschritts (P) – mit der Dao-Praxis (des Sterbens) zunehmend übersinnlich erfahren wird.

Obige und weitere Äußerungen über den *lógos* – als Äquivalent von Dao (Taiji) – veranlassen mich, ihn nicht mit Wort, Sprache, Rede, Beweis, Lehrsatz, Lehre, Sinn, Vernunft usw. zu übersetzen, so wie es in biblischen Schriften der Fall ist. Ich assoziiere ihn vielmehr mit dem „im Üben zunehmend erfahrbaren Dao (Taiji)“ und damit äquivalenten Metaphern. Diese habe ich durch Mustererkennung in mehreren Traditionen gefunden, die inhaltlich übereinstimmende Netzwerke auf- und somit auf das S-Prinzip hinweisen. Wie meine bisherige und folgende Erklärung der Metaphern und Mythen zeigt, lässt sich vieles über sie berichten, ohne ihre Inhalte im Üben selber erfahren zu haben.

Rekonstruktion des Verlorenen

Dao-Meister erkannten vor etwa 10.000 Jahren den Verlust ihrer esoterischen[43] ESP-Sinne (Yang-Liugen, *sophrosýne*) und des damit einhergehenden Dao-Wissens (*epistéme*). Sie suchten und fanden über Generationen hinweg – in einer ununterbrochenen Genealogie (Stammlinie) – den einzigartigen Weg (Dao, Dadao) oder Wuwei-Weg zur Erleuchtung. Dadurch wurde ihnen bewusst, was den Menschen durch ihre Evolution (Zivilisierung, Kultivierung,

[43] *Esoterikós* = einem inneren Bereich zugehörig.

Sozialisierung) – oder sollte ich sagen: „Vertreibung aus dem Paradies“ durch den „Sündenfall“ (Pfeil II) – verloren ging. Sie entdeckten so das in uns schlummernde Dao-Wissen (*epistéme*) durch regelmäßiges Üben (Bild 1) mit dem S-Prinzip. Sie vollzogen damit ihre ganzheitliche Lebenspflege und Wahrheitssuche, was in der *philosophía* nicht anders war. Doch dort, wo sie einst gelehrt wurde, ging sie, im Gegensatz zur Dao-Lehre, verloren. Damit kam es – durch Abwendung von der inneren erfahrbaren spirituellen Welt hin zur äußeren – zum Paradigmenwechsel im Verständnis des Selbst und der Welt. Das Denken veränderte sich.

Aristotelisches und platonisches Denken

Ich bezeichne als aristotelisches Denken (AD) das uns vertraute diskursive abwägende und trennende Entweder-oder-Denken, das uns heute prägt. Es kommt in externen Dialogen mit anderen Menschen, aber auch in internen mit sich selbst zum Einsatz. Zu AD zählen das naturwissenschaftliche, mathematische, geisteswissenschaftliche und philosophische Denken. Es ist Denken, dass auf (unbeweisbaren) Hypothesen, wie z.B. 1+1 = 2, basiert. Es ist alles Denken, das dem G-Prinzip und nicht S-Prinzip genügt, das sich hypothesenfrei „aus sich selbst“ im Aufstieg entwickelt und das ich Platon zuweise. Ich nenne es platonisches Denken (PD). Ich hätte auch andere renommierte Personen nennen können, die beide Denk- und Wissensweisen repräsentieren.

In China stehen sich Laozi und Konfuzius, im Iran Suhrawardi und Avicenna (Ibn Sina) gegenüber, wie ich noch zeige. Wenn ich von AD spreche, meine ich damit nicht zwangsläufig Aristoteles[44] selbst, sondern vielmehr, was aus ihm gemacht und wie er zunehmend interpretiert wurde. Ich zitiere ihn noch mehrmals mit Aussagen, die darauf hinweisen, dass er sich als langjähriger Schüler mit zunehmendem Alter von Platon abgewandt hat. Ich benutze ihn hier symbolisch für das empirische Entweder-oder-Denken und damit erworbene Wissen (*empeiría)*, das viele heute als rein betrachten. Bei Platon ist es jedoch das mit PD erworbene WISSEN (*epistéme),* das er REIN nennt. Was genau ist rein (REIN)? Meine Leser*innen mögen es schon erahnen. Nun ich werde es noch ausführlich erklären.

Viel Armseliges dringt auf uns ein

Ich habe einmal einem Vortrag eines Philosophen beigewohnt, der viel von der Wichtigkeit des Nach- und Mitdenkens, vom sich Hineindenken in Bewusstseinsebenen und Denkhorizonte und ebenso von geistigen Denkleistungen großer Denker in philosophischen Denktraditionen berichtete. Er grenzte sein Denken von dem der Mathematiker und Naturwissenschaftler ab und betrachtete es als ganzheitlich. Doch seine Vorstellung von Ganzheitlich ist nicht die, worüber ich berichte und die das S-Prinzip im Aufstieg „aus sich selbst (dem Nichts) heraus“ offenbart. Er behauptete: „Emergenz aus dem Nichts heraus ist eine Absurdität“. „Aus Totem ist noch niemals Lebendiges entstanden.“ Der erste Satz widerspricht dem, was ich berichte. Er unterscheidet im zweiten Satz zwischen leblos und

[44] Aristoteles selbst hatte vermutlich AD nie so eindimensional verstanden und gelehrt, wie es heute zum Einsatz kommt.

lebendig, was ich nicht tue, denn für die Meister ist, so wie ich zeige, im *kósmos* (Pfeil I und II) alles lebendig, zumal es der Aufstieg bestätigt. Nur der Mensch unterscheidet zwischen lebendig und leblos. Dies gehört zu dessen dualistischen Entweder-oder-Sichtweise des Diesseits. Der kluge Philosoph, der immer wieder von der Weisheit der griechischen Philosophen sprach, ignorierte Parmenides: [45] „*Denn engbezirkt sind die [Sinnes]werkzeuge, die über die Glieder* [der Menschen] *gebreitet sind. Viel Armseliges dringt auf sie ein, das ihr Nachdenken abstumpft.*" Parmenides charakterisiert damit auch das Denken des klugen Philosophen, der seins tiefgründiger als das der meisten Menschen heute betrachtete. Auch seins ist jedoch AD. Es ist der Ausgangspunkt, um PD, das meine Schule Taiji-Denken nennt, im Üben (Bild 1) zu entwickeln und AD somit immer mehr zu naturalisieren. Es entspricht dann – worauf die übereinstimmenden Netzwerke der Dao-Lehre und *philosophía* hinweisen – dem Denken, das Platon *noéin* nennt. Es ist schöpferisches (noetisches) Denken, das dem AD, das er *dianoéin* (dianoetischen Denken) nennt, diametral gegenübersteht. Ich vergleiche nun kurz beide Denkweisen, auf die ich immer wieder zurückkomme, um den Unterschied zwischen ihnen und damit einhergehenden Wissensweisen zu beleuchten.

AD dient und resultiert aus dem Erwerb der *empeiría.* PD (*noéin*) liefert hingegen die ganzheitliche (innere, übersinnliche) spirituelle und somit reine *epistéme.* PD lässt so das

---

[45] Abstumpfen der Sinne impliziert, dass sich – im Laufe der Evolution (Pfeil II) – PD zum aristotelischen (peripatetischen) Denken (AD) verwandelte.

WISSEN über den lebendigen *kósmos* erkennen, der in uns allen verborgen und durch Üben aufdeckbar ist. Es dient der Auffindung des wahren SELBST, welches zunehmend im Aufstieg erfahren wird, worauf „Erkenne dich SELBST“ hinweist. Die Mythen deuten an, um was es geht. Sie wurden einst mit PD artikuliert und danach mit AD, das uns heute prägt, verzerrt. Sie bleiben dem AD unzugänglich, es sei denn, sie werden ausführlich erklärt, worum ich mich bemühe. Wer meine Erklärung der Mythen und Metaphern akzeptiert, erahnt, um was es bei PD geht. Er erkennt, dass man nicht unbedingt üben muss, um damit vertraut zu werden.

Entstehung des aristotelischen Denkens aus dem platonischen

AD entstand – in Begleitung der „kulturellen Evolution (Pfeil II)“ – immer mehr aus PD schon lange vor Aristoteles (384-322 v.u.Z.). Es resultierte daraus, dass sich der Mensch zunehmend kultivierte und spezialisierte. Er lernte sozusagen „immer mehr über immer weniger“, was die Atomisierung der Wissenschaft bestätigt. AD wendet sich nur Teilen der erschaffenen (äußeren) Natur, dem Diesseits, und nicht dem Ganzen zu. Es erfasst nicht die ganzheitliche Schöpfung, die Inneres und Äußeres vereint.

Der exzessive Einsatz von AD hat, was immer mehr Menschen erkennen, bedrohliche unüberschaubare Folgen, was die Meister schon früh erkannten und worüber sie auch, wie ich ausführlich zeige, berichten. Hätten sich die Physiker Albert Einstein und Otto Hahn dem PD und nicht AD verpflichtet gefühlt, hätte ihre Forschung keine Atombombe hervorgebracht. Sie hätte nicht viele Menschen getötet und beide Männer nicht in eine Krise gestürzt. Anderen großen Denkern ging es ähnlich. Dennoch genießt AD in unserer Kultur hohes Ansehen, während PD von ihr, wie ich zeige, ausgerottet wurde. AD ist nun das Non-plus-ultra! Es ist die Basis für den Erwerb der *empeiría.* Es wurde, so wie ich im Teil II zeige, sogar von renommierten Aufklärern in „den Himmel gelobt“.

Förderung des platonischen Denkens

PD ist in AD verborgen, was man daran erkennt, dass es sich im Aufstieg aus AD zunehmend entwickelt. Daraus ist nicht zu schließen, dass man es nicht – bis zu einem gewissen Grad – auch ohne Üben fördern kann, um somit den kultur-geprägten Sinnes- und Wirklichkeitsverlust, den Parmenides anspricht, zu kompensieren. Ich zitiere ihn später erneut, zumal er auch zwischen dem Weg der *dóxa* (Meinen, Glauben, Für-wahrhalten) und dem der *aletheía* (Wahrheit) unterscheidet. Der erste ist auf hypothesen-basierter *aphrosýne* und AD beschränkt, der zweite geht mit Entwicklung der hypothesenfreien *sophrosýne* und PD im Aufstieg einher. Damit lernt der Übende es, mit den Gesetzen des schöpferischen Kosmos (*kósmos noetós* = *nous*) zunehmend in Harmonie *(harmonía)* zu leben. Die Dao-Lehre bietet dafür drei analytische Prinzipien (Sanxi) an, die ich später kurz erwähne und kommentiere[46]. Sie ermöglichen es auch Ungeübten, bis zu einem gewissen Grad diese Harmonie im Diesseits – im gesellschaftlichen

[46] Siehe auch mein Buch; *Denken, Wissen, Weisheit – Erkenntnis jenseits des Glaubens.* Band 1&2. Lotus Press 2018.

Zusammenleben – zu verwirklichen und somit zum platonischen Denker zu werden.

Ich hätte dieses Buch nicht geschrieben, wenn ich nicht – dank langjähriger Übungserfahrung – davon überzeugt wäre, dass die verloren gegangene *epistéme (gnosis)* der *philosophía* mit dem mir vertrauten Dao-Wissen rekonstruierbar wäre. Dies gilt auch für das damit äquivalente WISSEN aller anderen zitierten Meister. Damit extrahiere ich in Teil II auch die Urversion der *Genesis*, bevor sie – durch Unkenntnis ihrer Metaphern, z.B. Adam und Eva – verzerrt wurde. Adam und Eva sind, wie schon angedeutet, keine Personen, sondern zwei Aspekte der *psyché,* die im Auf- und Abstieg miteinander agieren.

Verlust und Erwerb der *epistéme*

Nur wenigen Menschen ist bewusst, dass viel außergewöhnliches Wissen (*epistéme, gnosis)* – z.B. das der ursprünglichen *Genesis* – mit zunehmender Kultivierung (Pfeil II) verloren ging. Schon Aristoteles, Platons berühmtester Schüler, stellte anscheinend im fortgeschrittenen Alter dessen Nutzen infrage, was Platon angeblich dazu veranlasste, ihn „das Fohlen, das gegen die Mutter ausschlug“[47] zu nennen. Aristoteles war nicht der einzige Kritiker, der den Wert der übersinnlich erfahrbaren *epistéme (gnosis)* anzweifelte. Mehrere Meister wurden, wie ich zeige, von mächtigen Kritikern verfolgt und hingerichtet. Dies bewirkte letztendlich, dass die *philosophía* in Griechenland und im Mittleren Osten verloren ging. Danach wurde – mangels Kenntnis der Metaphern – die in ihren

[47]Aelian, Varia Historia 4,9 (ca. 210 n.u.Z.).

Schriften hinterlassene *epistéme (gnosis),* die auf PD fußt, mit AD verdreht. Dies deuten die von mir bisher teilweise enthüllten Mythen an, von denen ich einige noch ausführlicher als bisher erkläre. Dann sollten Leser*innen noch besser als bisher erkennen, was mit PD, das ich auch bei Jesus erkenne, gemeint ist.

Wuwei- und Youwei-Prinzip

Ich habe schon darauf hingewiesen, dass ich immer wieder zu teilweise erklärten Metaphern zurückkehre, um sie zunehmend besser zu beleuchten. Dies betrifft insbesondere die, die besonders wichtig sind. Dazu gehören in der Dao-Lehre Wuwei und Youwei. Ich wiederhole und ergänze: Wuwei – Wirken (Wei) aus dem Unbekannten (Wu) – offenbart sich durch eigenes Nichtwirken (Nichthandeln, Nicht-Tun, Stille, Ruhe) im Üben „aus sich heraus (*auta kath'auta)".* Wuwei fördert die Fähigkeit zur rigorosen Weltabgewandtheit (Bild 1). Diese bringt im Aufstieg – mittels des S-Prinzips – mit Übungsfortschritt (P) alles hervor, was ich berichte. Dazu zählt die Entwicklung des PD (Taiji-Denken).

Alles mit AD einhergehende absichtliche Denken, Tun und Handeln, die – mit alltäglich vertrauten Vorgehensweisen (Methoden) – bewusst ein Ziel verfolgen, genügen hingegen Youwei: Wirken (Wei) aus dem Bekannten (You). Damit folgen wir dem G-Trieb in uns, der sich den externen (exoterischen) Dingen hinwendet. Dieser Trieb ist in uns wesentlich stärker als der S-Trieb ausgebildet. Dies kommt, wie ich noch genau erklären werde, zum Ausdruck in (Mat 14.32): *„Der Geist (pneúma) ist willig, aber das Fleisch (sarx) ist schwach."*

Wuwei wirkt nicht nur im Üben, sondern auch im Alltag. Dies erkennt man daran, dass alltägliche Intuitionen und Einsichten, die uns ebenfalls mit der Schöpfung verbinden, in Augenblicken der Entspannung, z.B. nach einem guten Schlaf, spontan „aus sich heraus“ erfolgen[48]. Ohne sie gäbe es kein konditioniertes AD. PD ist aber unkonditioniert. Es entwickelt sich durch den Einsatz des S-Prinzips und führt Begabte durch ihr regelmäßiges Üben zur Erleuchtung (D). Diese bestätigen damit den Schöpfungsakt (Pfeil II), den die weisen Griechen *kosmogonía (kosmología)* nennen. Dieser verbirgt sich auch hinter der Urversion der *Genesis*, die mit Moses assoziiert wird, der – gemeinsam mit Pharao Echnaton (1353-1336 v.u.Z.) – als Begründer des Monotheismus gilt. Ich komme noch auf beide Männer zurück.

Wuwei = *philía*

Es war für mich nicht leicht, in der *philosophía* das Äquivalent für Wuwei ausfindig zu machen. Es ist, so wie angedeutet, *philía,* worauf die Etymologie von *philosophía* hinweist. So wie alles, was die Dao-Lehre, auch Wuwei-Lehre genannt, im regelmäßigen Üben (Bild 1) mit dem Wuwei-Prinzip hervorbringt, so resultiert auch alles, was die *philosophía* „aus sich heraus“ kreiert, durch Anwendung des *philía*-Prinzips. Nur damit ist der Aufstieg (Pfeil II) zu bewältigen. Ich berichte daher von nun an vom Wuwei *(philía)*-Prinzip, nenne es aber weiterhin S-Prinzip.

Ich ergänze später Wuwei = *philía* mit weiteren äquivalenten Metaphern aus anderen Lehren. Zu ihnen zählen das

---

[48] Darüber berichte ich im Detail in *Denken, Wissen, Weisheit.* (Siehe Literatur am Ende des Buchs).

arabische mahabbah, hebräische *ahabah*[49] und vedische Akarma (अकर्मन्). Mahabbah und *ahabah* werden, so wie *philía,* mit Liebe übersetzt und Akarma, so wie Wuwei, mit Nicht-Tun. Ich werde also der Einfachheit halber in allen Fällen nur vom S-Prinzip sprechen. Es liefert das einzigartige universelle WISSEN, das in uns allen schlummert und sich Übenden als Wiedererinnerung *(anamnésis)* an Verborgenes in der Innenschau (Bild 1) im Aufstieg zunehmend offenbart. Es gilt Dao (Taiji)-Wissen (Taijixue) = *epistéme (gnosis).* Ich werde diese Gleichsetzung später noch erweitern.

***Philía* und *agape* bei Jesus und Petrus**

Jesus und Petrus, mein Namensvetter, sind sich der Bedeutung von *philía* bewusst. Dies zeigt der Dialog, in dem Jesus Petrus dreimal fragt (Joh 21): *„Liebst du mich (agape)?"* Petrus antwortet jedes Mal: *„Ja, Herr, du weißt, dass ich dich liebe* (*philía*)." Petrus wusste also, so wie Jesus, zwischen *agape* und *philía* – beide werden mit Liebe übersetzt – zu unterscheiden. Ich gebe zu, dass es für mich nicht leicht war, den Unterschied zwischen *agape* und *philía* zu erkennen, um mir der Bedeutung von *philía* für den Erwerb der *epistéme* (*gnosis)* im Aufstieg Jesu bewusst zu werden. Darüber berichte ich ausführlich in Teil II.

Was ist geschehen?

Die Stimmigkeit aller enthüllten Metaphern und Mythen, die auf den Auf- und Abstieg verweisen, zeigt, dass ihre

[49] *Ahaba* = *ahava* (אהבה), Liebe, nimmt Bezug auf *hab* = *hav* (הב), das geben bedeutet.

Verfasser *philósophoi (physikói)*[50] mit dem S-Prinzip vertraut waren. Sie haben also nicht an den Unsinn geglaubt, der mit AD in die *philosophía* seit ihrem Untergang, worauf ich noch eingehe, hineingedichtet wird. Ich frage: „Ist es nicht seltsam, dass die uns heute so vertraute und von vielen so hoch gepriesene Logik und Vernunft, die auf AD basieren, nicht ausreichen, um ihre Metaphern und Mythen zu entschleiern? Was ist geschehen? Wem war daran gelegen, die *philosophía* zu unterdrücken, die *philósophoi* aus dem Weg zu schaffen und die Wahrheit, von der Jesus so oft spricht, zu verschleiern? Wer hat uns vom Licht in die Dunkelheit – hinter das Licht – geführt?“ Auch wenn ich die Antwort nicht klar in Worte zu fassen vermag, so werden interessierte Leser*innen sie doch zwischen den Zeilen dieses Buches finden!

Meine Auslegung der Metaphern in nicht-biblischen und biblischen Texten sollte daher den hier angesprochenen Paradigmenwechsel im Erkennen der Welt und des Selbst aufzeigen. Sie sollte dazu beitragen, Jesus als Erleuchteten zu akzeptieren und zu verstehen, was er meint mit (Joh 18,3): „*Ich bin dazu* (neu) *geboren* (in D) *und in die Welt* (A) *gekommen* (Pfeil II,), *dass ich die Wahrheit bezeugen soll. Wer aus der Wahrheit ist, der hört meine Stimme.*“ Seine Worte sind mit vielen Äußerungen von anderen Meistern, die ich zitiere, stimmig. Dazu zählen vorrangig seine Verweise auf die *psyché,* die oft – ohne Bezug zu ihren drei Metamorphosen – unvollständig mit Seele und

[50] Es sind keine Naturphilosophen, sondern übende *philósophoi* (Plural von *philósophos),* die sich der übersinnlich erfahrbaren schöpferischen Natur *(phýsis)* hingeben.

inkorrekt, so wie es im NT oft der Fall ist, mit Leben übersetzt werden.

Qi = *psyché* = nafs = Atman

Qi wird meist mit Lebenskraft oder Lebensenergie übersetzt und *psyché* mit Seele. Beide Metaphern scheinen, so wie Wuwei und *philía* unterschiedlich zu sein, sie haben aber identische erfahrbare Inhalte. Ich zeige, dass so wie Daoisten viel über Qi berichten, die Meister der *philosophía* inklusive Jesus dies – auf übereinstimmende Weise – in Bezug auf *psyché* tun. Auch sie wird, durch Unkenntnis der Praxis, so wie Qi meist missinterpretiert. Was für Qi = *psyché* gilt, trifft für ihre Äquivalente in den anderen zitierten Traditionen auch zu. Qi wird durch Wuwei aktiviert und *psyché* mit *philía.* So wie Wuwei = *philía* = mahabbah = Akarma, so gilt, wie ich noch ausführlich begründe, Qi = *psyché* = nafs = Atman. Jeder der vier Metaphern ist, wie ich noch zeige, Oberbegriffe für ihre Dreiteilung. So ist es *psyché* für (*sóma, psyché, pneúma)*. Auch der hebräischen Bibel ist sowohl *ahabah* als auch die Dreiteilung (*nefeš, rūaḥ, nešāmāh)*[51]als Äquivalent von *(sóma, psyché, pneúma)* zu entnehmen. Sie benennt oft nur eine oder zwei Einträge davon[52], z.B. *nefeš (nephesh)* und *nešāmāh (nesha-*

[51] S. 85 in Steiner, R. C.; *DISEMBODIED SOULS,* SBL Press 2015. https://www.sbl-site.org/assets/pdfs/pubs/9781628370775_OA.pdf

[52] Man muss nicht jeden Eintrag im Triplet (*sóma, psyché, pneúma)* oder seinem hebräischem Äquivalente benennen, um die LDDW zu erkennen, die dem S-Prinzip genügt. Auch Platon zitiert meist nur *sóma* und *psyché.* Gemäß *Genesis* (2,7) hat jeder Mensch sowohl ein *nefesh (nephesh)* als auch ein *neshama. Nefesh* ist die tierische Seele in uns, die Suhrawardi nafs-i ḥayawānī und die Griechen *sóma* nennen. Rûaḥ (רוּחַ) erscheint 378-mal im *Tanach.* Vgl.

ma), was nichts daran ändert, dass alle drei der LDDW und somit dem S-Prinzip zuzuschreiben sind (Siehe Teil II).

Qi ist selbstbewegt

Das heute im Westen weit verbreitete populäre Qigong (Qi Gong, Chi Kung) verweist auf Qi. Es wird mit Pflege und Entwicklung der Qi-Fähigkeit übersetzt. Qigong wurde, Fangfu zufolge, ursprünglich durch „regelmäßiges selbstbewegtes Üben (Bild 1) mit dem S-Prinzip" realisiert. Dies ist beim heutigen Qigong nicht mehr der Fall. Es basiert auf formvollen Übungen (Youwei-Übungen), die willentlich kontrolliert durchgeführt werden. Dabei kommt es nicht, so wie in der anfänglich formlosen Dao-Praxis, zur Selbstbewegung *(autokinésis)*, die nicht nur das Taiji-Denken und Taiji-Wissen *(epistéme)* aus „sich selbst heraus" generiert, sondern auch zusätzlich eine heilende Wirkung hat. Darauf komme ich noch zurück, denn was für Qi gilt, trifft auch für alle seine Äquivalente in den übereinstimmenden Netzwerken zu.

Aufstieg der *psyché* zum EINEN

Der Große Weg (Pfeil I) entspricht dem „Aufstieg *(anagogé)* der *psyché*", den Plotin (205-270) in seinen *Enneaden* „Aufstieg zum EINEN *(hèn)*" nennt. Das damit erworbene WISSEN *(epistéme)* fußt darauf, dass der Mensch – nach Verlassen (Pfeil I) des „irdischen Hauses (A)" – mithilfe eines Meisters wieder rekonstruiert, was im Abstieg (Pfeil II) verschüttet wurde. Dies erklärt, warum Jesus von Um-

---

https://www.aish.com/atr/Animal_Souls.html. Meine Enthüllung der *Genesis* in Teil II, fußt auf der LDDW, die dem S-Prinzip zu verdanken ist.

kehr *(metanoia)* und Suhrawardi von Rückkehr *(ma'ad)* spricht. Sie erweckt die verschüttete *epistéme*, die Suhrawardi ‚ilm al-huduri (Wissen durch Präsenz)' nennt.

Jesus berichtet über den Aufstieg der *psyché*

Die Aussage *„Der Mensch besteht aus Körper, Seele und Geist"* gibt, so wie *philía* = Liebe und *psyché* = Seele, nicht wieder, was ursprünglich dahintersteckt. Sie ist nur eine von vielen Äußerungen, die zeigt, wie wichtig es ist, sich einem Meister anzuvertrauen, der persönliche Erfahrung mit Qi (*psyché)* gesammelt hat und diese seinen Schülern kompetent zugänglich macht. Was Fangfu darüber berichtete, half mir, obige Aussage über Körper, Seele und Geist infrage zu stellen und nach ihrem „erfahrbaren Ursprung" im Aufstieg (Pfeil I) zu suchen. Ich erkannte bald, dass sich die drei Metamorphosen (*sóma, psyché*, *pneúma*) der *psyché* hinter (Körper, Seele, Geist) verbergen. Diese entsprechen denen des Qi in (Xing, Qi, Shen), worauf ich noch genau eingehe. Dann füge ich beiden Triplets, so wie das hebräische, auch das äquivalente von Suhrawardi hinzu. Auch werde ich noch weitere Triplets aus den anderen zitierten Traditionen ansprechen. Ihnen allen ist die LDDW gemein. Dies spricht dafür, dass sie dem S-Prinzip entspringen. Seine Unkenntnis führte zu: *„Der Mensch besteht aus Körper, Seele und Geist."* Das S-Prinzip ist auch Ursprung folgender und weiterer Aussagen, die Jesus zugewiesen sind (Gal 6,7f) *„[...] Wer auf sein Fleisch (sarx) sät, der wird von dem Fleisch das Verderben ernten; wer aber auf den Geist (pneúma) sät, der wird von dem Geist das ewige Leben ernten."*

Wer meinen Argumenten folgt, wird erkennen, dass mit *sarx = sóma* die unterste *psyché* vor dem Aufstieg (Pfeil I) oder nach dem Abstieg (Pfeil II) gemeint ist. Er wird, so wie angedeutet, zur Kenntnis nehmen, dass hinter *pneúma* nicht das steckt, was wir heute mit Geist assoziieren, sondern wesentlich tiefgründiger ist. Er wird auch akzeptieren, dass das, was im letzten Zitat vor dem Semikolon steht, auf die Gefahr hinweist, die von einseitiger exzessiver Weltzugewandtheit ausgeht. Das Zitat nach dem Semikolon ist die die Empfehlung Jesu, aufzusteigen (Pfeil I), um *pneúma* zu intensivieren! Damit stimmig ist (2. Kor 5,1f): *„Der Leib (sóma*= unterste *psyché), unser irdisches Haus* (A)*, muss zerbrochen werden.*“ Ebenso (Röm 8,12f): *„Denn wenn ihr nach dem Fleisch lebt* (also euch nur dem Diesseits hingebt)*, so werdet ihr sterben müssen [...].“* Damit im Einklang ist auch (Mat 14,32): *„Der Geist (pneúma) ist willig, aber das Fleisch (sarx) ist schwach.“* „Sarx ist schwach“ ist eine Allegorie dafür, dass es nicht leicht ist, vom G-Trieb loszulassen, den S-Trieb zu aktivieren und somit aufzusteigen. Jesus erlangte damit die Erleuchtung (in D). Damit war er, so wie alle Meister, in der Lage, seinen Schülern den Weg dorthin zu weisen, sodass dieser sich auch ihnen offenbaren konnte. Dies gelingt aber nur wenigen, die „vollständig zur Besinnung *(sophrosýne)* kommen“ und so in ihrer Innenschau (Bild 1) die höchste Wuwei (*philía)-,* Qi (*psyché)*- und Dao (*lógos)*-Erfahrung bestätigen. Dies ist Meistern, so wie Fangfu, bis in die jüngste Zeit gelungen. Damit hat er, so wie viele Dao-Meister vor ihm, das Dao-WISSEN (Taijixue) in ununterbrochener Genealogie (Stammlinie) erworben und die Fähigkeit erlangt, seinen Erwerb zu lehren.

SEIN oder Nicht-SEIN: Das ist die Frage?

Platon nennt, was im Aufstieg zunehmend erfahren wird, *eón* (SEIN, Seiendes). Er bezeichnet das Diesseits (A), das daraus emaniert, *mè eón* (Nicht-SEIN). Die *epistéme* resultiert aus der Erkundung (Pfeil I) des SEINs im Aufstieg, die *empeiría* beschränkt sich hingegen, in platonischer Terminologie, auf das Nicht-SEIN (Diesseits = A). Die *epistéme* will erfahren, während die *empeiría* geglaubt werden will. Daran ändert auch die Vorstellung nichts, dass die *empeiría* für viele von uns, so wie z.B. 1+1 = 2, exakt, evidenzbasiert, logisch und wissenschaftlich korrekt, ja sogar unvergänglich erscheint. Betrachten wir doch 1+1 = 2 und fragen, welches Konzept dahintersteckt. Das Axiom sagt aus, dass es zwei Dinge im Diesseits gibt, die gleich und unvergänglich sind. Doch gibt es diese? Es gibt sie nicht! 1+1= 2 ist, Mathematiker wissen, unbeweisbar. Es ist eine Abstraktion, Meinung, Hypothese, auch wenn viele glauben, die Gleichung sei exakt oder wahr. Dies gilt für alles was auf der *aphrosýne* basiert, so wie die *empeiría.* Sie fußt auf Annahmen (Prämissen), die sich nicht beweisen lassen, sondern geglaubt werden wollen. Sie ist daher unnatürlich im Vergleich zur konzeptfreien *epistéme*, die von Meistern seit Jahrtausenden immer wieder als ewig beständig und wahr bestätigt wird. Wahr ist für sie einzig und allein was konzeptfrei „aus sich heraus" erfahren wird. Dies ist die *epistéme,* nicht aber die *empeiría,* worauf wir im Alltag nicht verzichten können, garantiert sie doch unser Überleben in der Gesellschaft. Wir sollten uns aber bewusst werden über die Gefahr, die von ihrer Unnatürlichkeit ausgeht. Darauf weisen viele Meister, wie z.B.

Salomon, hin, worauf ich noch zu sprechen komme.

Die *empeiría* ist, im Gegensatz zur *epistéme*, nicht im Einklang mit dem Dao (*lógos*). Dies bestätigt ja die Atombombe. Sie fußt auf augenscheinlicher Logik, wozu 1+1= 2 zählt. Diese steht konträr zum *lógos,* worüber Heraklit, ich wiederhole, schreibt (DK 22 B2): *„Aber obschon der lógos allen gemein ist, leben die meisten doch so, als ob sie eine eigene Einsicht* (darüber) *hätten."* Stimmig damit sind seine Worte (DK 22 B 107): *„Schlechte Zeugen sind den Menschen Augen und Ohren, wenn sie ‚fremdartige (barbarische) Seelen' haben."* Muss ich noch erklären, was er mit fremdartigen Seelen meint? Verbirgt sich dahinter die *aphrosýne* oder *sophrosýne?* Wer es nicht erahnt, sollte die Antwort darauf, wenn nicht in, so doch zwischen folgenden Zeilen finden.

***Epistéme*: Wissen über das SEIN**

Taiji (Dao) ist die Welt, die einige griechische Meister SEIN (*eón* = *ón)* oder Immerseiendes nennen. Der Weg dorthin (Pfeil I) liefert das WISSEN (*epistéme)* der (ersten, uralten) übungsbasierten *philosophía,* bevor diese in die (zweite) Philosophie verzerrt wurde, an die es zu glauben gilt. Aristoteles benutzt *proté philosophía* (Erste Philosophie)[53] sowie *theologikè epistéme*[54] in seiner *Metaphysik*[55],

[53] Im Mittleren Osten findet man auch das Wort falsafah al-ula dafür. Vgl. https://www.amazon.com/Philosophy-Illumination-Shihab-al-Din-Suhrawardi/dp/0842524576

[54] *Theologikè epistéme* betont den engen Zusammenhang zwischen *epistéme, theós* und *lógos,* wobei *theós* und *lógos* Äquivalente für Taiji (Dao) sind.

[55] Vgl. https://de.wikipedia.org/wiki/Metaphysik_(Aristoteles)

was nicht heißt, dass er sich selber, so wie Platon, Sokrates und andere Meister, erÜBT hat, was er dort berichtet. Dort weist er beiden Metaphern *epistéme tou ontos* – WISSEN des SEINS (*ón*) – und *epistéme ton próton archón* – WISSEN der ersten Prinzipien und Ursachen im SEIN (*ón)* – zu. Es entspricht Suhrawardis ilm al-huduri (Wissen durch Präsenz). Es emaniert („fließt") im Aufstieg „aus sich selbst" zunehmend aus dem SEIN (*ón*). Es ging vielerorts verloren, hat jedoch im Dao-Wissen (Taiji-Wissen = Taijixue) bis heute überlebt. Dabei ist Taiji (Dao) die höchste im Aufstieg (Pfeil I) erfahrbare Welt, die nicht nur die drei Welten (Pfeil II), sondern auch die vier kreisförmigen Symbole in Bild 2 hervorbirgt. Diese erklären was sich hinter der Folge 1,2,3,4 verbirgt, die, gemeinsam mit den drei Welten, von den von mir zitierten Kulturen angesprochen wird.

---

https://www.phil-fak.uni-duesseldorf.de/philo/geldsetzer/metaphysik_einl.pdf

4. Wahrheit macht frei

Wie ich in Teil II zeige, resultiert die Urversion der *Genesis*, die ich teilweise aufdecke, aus dem im Aufstieg (Pfeil I) erfassten WISSEN *(epistéme)*, was ich ohne mein Dao-Wissen nicht erkannt hätte. Dies heißt, auch sie offenbarte sich ursprünglich ohne Konzept „aus sich heraus" im Aufstieg durch rigoroses Nicht-Tun. Sie verdient es daher, WAHR genannt zu werden. Denn was sonst könnte es sein, als was sich ohne eigenes Zutun, ohne Hypothesen, kundtut und daher nicht geglaubt werden braucht? Ich könnte auch sagen, die Urversion der *Genesis* ist der zunehmenden Erfahrung (Pfeil I) des *lógos* und der damit einhergehenden Wahrheit (*aletheía*) geschuldet. Diese war Jesus offenbar wichtig (Joh 8,31): *„Wenn ihr bleiben werdet in meinem lógos so seid ihr wahrhaftig meine Jünger und werdet die Wahrheit erkennen, und die Wahrheit wird euch frei machen."* Ich hoffe, dass diejenigen, die meiner Argumentation folgen, bald erkennen, was – aus der Sicht der Dao-Lehre, die dem Dao (*lógos)* entspringt – hinter seinen Worten steckt.

Seine Sichtweise ist im Einklang mit der *philosophía,* womit *lógos* oder *eón* (SEIN, Seiendes) mit der Praxis des Sterbens zunehmend erfahren wird. Für Platon (Menon 86b 1, Phaidon 99e 6) offenbart die *philosophía* die „Wahrheit der seienden Dinge (*he aletheia ton onton*)". Auch Aristoteles bezeichnet (Met. 993a 30ff.) die *philosophía* – wohlgemerkt nicht die Philosophie – als Wissenschaft von der Wahrheit. Man könnte meinen, auch er sei ein Meister, doch einige der ihm zugewiesenen Aussagen erwecken großen Zweifel daran.

Mein zentrales Anliegen

Es geht mir im Buch vorrangig darum, die Gleichsetzung *philosophía* = Dao-Lehre zu begründen und ihr weitere traditionelle Lehren hinzufügen. Dies beinhaltet, zu zeigen, dass sie alle ihren Ursprung im einzigartigen S-Prinzip und den sich daraus ergebenden Metaphern haben. Diese wurden aber von Übersetzern (Interpreten) durch deren Unkenntnis verzerrt. Sie können jedoch daraus durch Mustererkennung – sprich: Vergleich mit den mir vertrauten Dao-Metaphern – wieder rekonstruiert werden. Dies heißt, dass die *philosophía* für ihre Meister keine Philosophie, *theología* keine Theologie, *philía* keine Liebe, *kósmos* kein Kosmos, *psyché* keine Seele, *sophrosýne* keine Besinnung (Besonnenheit) usw. im WELTLICHEN Sinne sind. Sie und viele weitere Auslegungen (Übersetzungen) der Metaphern sind daher *mythos,* der sich bis zu einem gewissen Grad enthüllen lässt, was mein Anliegen ist. Es geht mir darum zu zeigen, dass sie im Aufstieg unvergängliche erfahrbare Inhalte erlangen, die mit Übungsfortschritt (P) zunehmen.

Damit entwickelt der Übende seine Dao *(lógos)-,* Wuwei (*philía*) und Qi (*psyché)*-Fähigkeiten, womit er sich selber pflegen und sich und andere auch heilen kann. Er erkennt somit das universelle spirituelle Gesetz (*nómos)*, das die „Welt im Innersten zusammenhält". Er erfasst seine Metaphern mit Fortschritt (P) immer besser. Diese sind Teil des ganzheitlichen Netzwerks, von denen jede einzelne nur mit Hilfe der anderen erklärt werden kann. Daher charakterisiere ich anfänglich seine wichtigsten nur kurz und kehre danach – unter Einbezug weiterer noch zu erklärenden Metaphern – zum zu enthüllenden Netzwerk zurück. Auf diese

Weise erhoffe ich mir, es Leser*innen immer besser zu erklären soweit es mit Worten möglich ist.

5. Jesus: Drei Metamorphosen der *psyché*

Kehren wir zurück zu: *„Der Mensch besteht aus Körper, Seele und Geist."* Diese Aussage – sie ist nur eine von vielen – lässt sich, man höre und staune, trotz ihrer augenscheinlichen Plausibilität, ebenso wie 1+1 = 2, nicht beweisen. Sie ist eines von vielen Beispielen dafür, das zeigt, wie leichtfertig etwas akzeptiert und verbreitet wird, obwohl es unbeweisbar ist. Es will geglaubt werden. Beweisen lässt sich aber, was ursprünglich dahintersteckt und der Aufstieg (Pfeil II) hervorbringt: Dies ist, dass sich die *psyché* in drei Stufen von ihrem *sóma-* in den *pneúma-*Zustand verwandelt. Dabei vollzieht sie drei Metamorphosen (Bild 2). Dies ist eine echte und wahre Erfahrung, weil sie „aus sich selbst" konzeptfrei zustande kommt. Was ich andeute und im Folgenden präzisiere, hat zur obigen plausibel erscheinenden Behauptung geführt, der Mensch *bestehe* aus Körper, Seele und Geist. Von derartigen Unterstellungen gibt es unzählige. Dazu ein Beispiel aus dem NT. Fragen wir, worauf Paulus hinweist mit (1. Thes 5, 23): *„Euer ganzes Wesen, der Geist (pneúma), die Seele (psyché) und der Leib (sóma), möge untadelig bewahrt werden bei der Wiederkunft unseres Herrn Jesus Christus"*. Verbergen sich hinter *(sóma, psyché, pneúma)* – übersetzt mit (Leib, Seele, Geist) – etwa die drei Metamorphosen der *psyché*? Wenn ja, ist das Zitat, so wie viele, *mythos,* also nicht im Einklang mit dem *lógos.* Dies sollte aber der Fall sein, denn viele Aussagen von und über Jesus sprechen dafür, dass er den Aufstieg (Pfeil) der *psyché* von *sóma* zu *pneúma* bis zur Erleuchtung bewältigte und diesen auch lehrte.

Dabei vollzieht die *psyché* „aus sich selbst heraus" die drei Metamorphosen von *sóma* zu *pneúma,* wobei *psyché* = *sóma* ihre unterste und *psyché* = *pneúma* ihre oberste ist. Im Abstieg (Pfeil II), worauf meine Auslegung der *Genesis* fußt, erfolgt ihr Wandel in umgekehrter Richtung. Darüber lesen wir bei Paulus:[56] *„Der Vater [...] ist zweifach*[57] *‚aus sich selbst heraus' und in die menschliche Wüste hinabgestiegen".* Damit beschreibt er den Akt *(kosmogonía, kosmología)* von D zu A (Pfeil II), wobei Vater auf D und zweifach und Wüste auf das daraus hervorgegangene (emanierte) dualistische (zweifache) Diesseits (A) hinweisen, Es ist das, was Platon im *Höhlengleichnis* „Höhle" nennt. Der Akt (Pfeil II) verbirgt sich auch hinter den vier Symbolen (Bild 2). Sie liefern eine vierstufige Beschreibung des Übergangs vom EINEN *(hèn)* zum dualistischen (zweifachen) Diesseits, d.h. der diesseitigen Vielfalt *(pánta).* Ich werde sie noch erklären.

Was ich hier kurz resümiere gehört zur LDDW. Kannte sie Paulus? Wenn ja, ist das Zitat (1. Thes 5,23) eine irreführende Fehlübersetzung. Wenn nein, verkannte er, dass *psyché* = *sóma* die diesseitige formvolle Vielfalt (A) erfasst, während sich das EINE *(hèn)* im Aufstieg (Pfeil I) der *psyché* – gemeinsam mit *sophrosýne, epistéme*, *sophía* und *aletheía* – zunehmend offenbart. Was dafür spricht, dass Paulus, der so oft Jesus zitiert, obwohl er ihn nicht kannte, auf die drei Metamorphosen der *psyché* hinweist, ist seine Empfehlung (Phil 2,2; vgl. Phil 2,20): *„Eines Sin-*

---

[56] https://de.wikipedia.org/wiki/Kenosis

[57] „Menschliche Wüste" ist in *Römer* und *1.Korinther* eine Metapher für das dualistische Diesseits, auch „Himmel und Erde" genannt, worauf „zweifach" hinweist.

nes zu sein“. Damit mag er die sich im Aufstieg (Pfeil I) intensivierende ESP-Wahrnehmung (*sophrosýne*) des EINEN *(hèn)* oder SEINs (*eón)* ansprechen, die sich aus der diesseitigen Vielfalt *(pánta)* in A ergibt. Der Aufstieg gelingt, ich wiederhole, mit dem S-Prinzip in rigoroser Stille (Bild 1). Sein Gegenteil, das G-Prinzip, trennt (Pfeil II) hingegen das EINE *(hèn)* in die Vielfalt (*pánta),* die Laozi die 10.000 Dinge nennt.

Der Weg hinauf und herab ist ein und derselbe

Kein griechischer Meister äußert sich, wie schon angedeutet, umfassender über den *lógos* als Heraklit. Was er darüber berichtet ist stimmig mit seinen Worten (Frag. 59): *„Der Weg hinauf (hodós ano) und herab (hodós kato) ist ein und derselbe.“* Beide Wege (Pfeil I und II) sind gleich, nur die Richtung ist entgegengesetzt. Darüber gibt es noch viel zu berichten, zumal die *Genesis* den „Weg herab“ mit Metaphern der *philosophía* beschreibt, die in der Dao-Lehre (und ihrer Schöpfungslehre) ihre Äquivalente haben. Was ich in Teil II darüber berichte, ist auch angesprochen im *Prolog des Johannesevangeliums* (1,1-18): *„Im Anfang (arché = ἀρχή) war das Wort (lógos= λόγος) und das Wort war bei Gott, und das Wort war Gott. Im Anfang war es bei Gott. Alles ist durch das Wort geworden* (Pfeil II) *und ohne das Wort wurde nichts, was geworden ist.“* Wort = *lógos* stellt, im Vergleich zu dem, was Heraklit über den erfahrbaren *lógos* berichtet, eine signifikante Verzerrung dar. Und sie ist nicht die einzige.

Ich erkenne in Heraklits Äußerungen über den *lógos* die Lehre der drei Welten wieder. Dies gilt ebenso für viele meist verzerrte biblische und nicht-biblische Hinweise darüber. Darauf verweist auch die enge Beziehung zwischen *arché* und *lógos* im letzten Zitat, ebenso in, ich wiederhole: *„Aber er* [Jesus] *hat jenen Tanz [saltationem] aufgetragen, den David vor der arché des Herrn* (Gott) *tanzte.*“ Damit deute ich erneut an, dass auch der *Arche-Noah-Mythos* von spiritueller Natur ist und auf den Aufstieg hinweist (Teil II). Dass er seiner tiefgründigen Spiritualität beraubt und „verkörpert“, d.h. zum *mythos* degradiert wurde, ist Teil des babylonischen Sprachgewirrs, das uns prägt.

Metaphern für Qi (*psyché*)

Hinweise von Fangfu zum Qi und meine eigene Qi-Erfahrung haben mir geholfen, in der Literatur der zitierten Schulen zu erkennen, dass es dort mit Lebenskraft und -energie, Seele, Lebenshauch, Hauch, Licht, Geist, Wässrigkeit, Wasser, Feuer, Wind und weiteren Metaphern umschrieben wird. Dazu zählt das indische Atman mit indogermanischem Wortstamm: Atem. Dazu gehört auch das arabische nafs (nafas), das Suhrawardi benutzt und das hebräische *rûaḥ.* Sie werden ähnlich übersetzt. Qi (*psyché,* nafs, Atman usw.) ist in ständiger Bewegung. Es unterliegt wandelnder Wahrnehmung im Aufstieg, was es schwer in Worte fassen lässt. Man könnte meinen, all seine Beschreibungen seien einem „Buch mit sieben Siegeln[58]“ entnommen. Wir lesen in 1. Mos (2,7) über den sich aus dem Aufstieg (Pfeil I) ergebenden und offensichtlich verzerrten Schöpfungsakt (Pfeil II): *„Und Gott blies in seine Nase Hauch des Lebens, und es ward der Mensch ein lebendiges Wesen.“* Die erfahrbare Urversion dahinter und von weite-

[58] Darüber wird in der *Offenbarung des Johannes* im NT berichtet.

ren mythologisierten Zitaten, die den Akt beschreiben, setzt die Erleuchtung (in D) voraus. Diese geht mit der höchsten Dao-, Wuwei- und Qi-Erfahrung (Licht- Erfahrung[59]) einher, die „aus sich selbst“ kommt. Damit stimmig ist, wie ich später zeige (Mos 1,3): *„Gott sprach: Es werde Licht. Und es wurde Licht.“*

Umschreibungen für Auf- und Abstieg

Wer den dreistufigen Aufstieg (Pfeil I) vollzogen hat, hat auch den Akt (Pfeil II), den die Bibel „Sündenfall“ oder „Vertreibung aus dem Paradies“ nennt, damit erkannt. Neoplatoniker nennen ihn Abstieg (*katabasis*, *aphixis)*. Dieser wird Plotin zufolge im Aufstieg, in der „Zurückführung (*anagógé*) der (formvollen) Vielheit (*pánta)* ins (formlose) EINE (*pánta, hèn)“* erkannt. Jesus spricht stattdessen wie betont (Lk 15,11-32 und Lk 15,10) von Umkehr *(metanoia).* Damit wird der immaterielle *kósmos*[60], den Platon *psyché tou pantós* (Weltseele) (A bis D) nennt, im Aufstieg zunehmend erfahren. Dieser ist, so wie der Große Weg (Dadao), als „Weg zurück von der erschaffenen und sich stets wandelnden hin zur ewig schöpferischen Natur[61]“ zu verstehen.

---

[59] Hiermit ist auch das Licht gemeint, das in Platons *Höhlengleichnis* am Ende des Tunnels erscheint. Vgl. https://www.sinndeslebens24.de/platons-hoehlengleichnis-aus-dem-dunkel-ins-licht

[60] *Kósmos,* als Bezeichnung des Weltganzen und seiner Ordnung (Bild 2), ist zuerst bei Heraklit und Parmenides nachweisbar. (1) Heraklit (DK 22 B 30); (2) Parmenides (DK 28).

[61] http://www.taijixue.de/inhalt.htm

Gleiches durch Gleiches

Meister berichten grundsätzlich nur, was sie persönlich im Aufstieg erfahren haben und somit nicht glauben brauchen. Interpreten – bedingt durch ihre *aphrosýne* – verzerren jedoch ihre Aussagen. Ich habe dies schon mit einigen Beispielen belegt und werde es weiterhin tun. So sprechen z.B. viele Äußerungen Jesu dafür, dass er die drei Metamorphosen – die sich stufenweise intensivierende Wahrnehmung der *psyché* (Pfeil I) – erfahren hat. Darüber wird jedoch von Interpreten oft „im Brustton tiefster Überzeugung" viel Dichtkunst *(mythos,* Gr. Bericht, Erzählung, Geschichte) berichtet. Platon nennt eine Person, die dies tut, Sophist. Sie besitzt (Sophistes 687-688) *„eine scheinbare Erkenntnis von allen Dingen, nicht aber die Wahrheit."* Die Ursache dafür ist für Empedokles (ca. 495-435 v.u.Z.):[62] *„Gleiches durch Gleiches"*[63]. Damit betont er, dass ein Mensch sich und die Welt so wahrnimmt, wie es ihm entweder sein Sehen (Umschreibung für *aphrosýne)* oder SEHEN (Umschreibung für *sophrosýne,* die vom Übungsfortschritt abhängt) ermöglicht. Damit kann ein gewöhnlich Sehender in Hinweisen der Erleuchteten nur erkennen, womit er selber vertraut ist. Sein Sehen ist stark durch sein kulturelles Umfeld geprägt. Damit projiziert er seine Vorstellung, die er oft als wahr betrachtet, in das hinein, was andere SEHEN. Er kann damit die Metaphern der SEHENDEN nicht erfassen, es sei denn, sie werden ihm Schritt für Schritt zunehmend erklärt und er akzeptiert sie auch. Dies wiederum

---

[62] Aristoteles; *De anima.* I, 2; Met. III 4, 1000b 6; Sext. Empir. adv. Math. VII, 121

[63] *hê gnôsis tou homoiou tô homoiô*

fällt vielen Sehenden, die sich von ihrem festen Glauben nicht abbringen lassen, nicht nur schwer, einige werden sogar aggressiv gegenüber SEHENDEN. Dies führte z.B. zur Verurteilung von Sokrates und anderen Meistern und Meisterinnen und letztendlich zum Untergang der *philosophía*. Ich gehe auf dieses „traurige Kapitel“ noch ein.

Platon: Es besteht ein alter Streit

Platon betont die Diskrepanz zwischen dem, was Meister in Metaphern berichten und dem, was ihnen ohne deren Kenntnis unterstellt wird (Politeia 259e): *„Es besteht ein alter Streit zwischen philosophía und Dichtkunst?“* Die *philosophía* führt (Pfeil I) zur Wahrheit, was – durch Unkenntnis ihrer Metaphern – in sie hineininterpretiert wird, ist für ihn Poetik. Diese erscheint vielen von uns wahrer als das Original. „Dichtkünstler“ sind übrigens oft gute Rhetoriker, die ihre Zuhörer mit „schönen Worten“ verführen. Platon wirft in Gorgias[64], den berühmtesten Staatsmännern Athens vor, diese hätten sich an „unguten Begierden und Wünschen der Menge“ statt an den tatsächlichen Erfordernissen der Staatsführung orientiert. Sie hätten sich nicht bemüht, in den Seelen ihrer Mitbürger Ordnung zu schaffen.

Dies tun auch Interpreten, für die gilt: *Philosophía* = Philosophie. Dies ist – um mit Platon zu sprechen – „Dichtkunst“, sofern sie vorgibt der hypothesenfrei erworbenen *philosophía* zu entsprechen, was sie ja tut. Sie bestätigt mir, dass „Dichtkünstler“ den „alten Streit“ gewonnen haben. Einer der „größten“ von ihnen ist Homer (ca. 850

[64] Platon, *Gorgias* (500a-505b).

v.u.Z.), den Platon ob seiner Dichtkunst kritisiert[65]. Homer war *inventor of tradition* (Erfinder einer Tradition), wo Glauben mehr als Erfahren bedeutet. Und er war nicht der einzige.

[65] Stefan Weinstock; *V. Die platonische Homerkritik und ihre Nachwirkung*, Philologus, Band 82: Heft1-4, 2016. Vgl.https://doi.org/10.1524/phil.1927.82.14.123 (abgerufen am 13.10.2020)

6. Üben, üben, üben

Meine Suche nach einem gründlichen Verständnis der Meister begann schon lange bevor ich Fangfu traf. Ich bemühte mich in meiner Jugend, Laozi (Laotse), dessen *Daodejing,* dem bekanntesten Buch Chinas, das ich in mehreren Übersetzungen gelesen hatte, zu begreifen. Seitdem ich übe ist mir klar, dass ich seinem Werk dessen meisterliche Fähigkeiten nie und nimmer ohne Fangfus Hinweise hätte entnehmen können. Der Grund dafür ist, dass ich nicht erkannt hätte, dass Laozi das S-Prinzip einsetzte und was es bewirkt. Doch je mehr ich übte, umso mehr wurde mir bewusst, dass alle mir vertrauten Übersetzungen des *Daodejing*, das als unreligiös gilt, dem widersprachen, was Fangfu, der sich in der Nachfolge von Laozi sieht, seinen Schülern darüber vermittelt. Es ließ mich erkennen, dass seine Übersetzungen überwiegend „Dichtkunst“ sind, die Menschen seit eh und je mehr anspricht als das, was ich hier über Laozi berichte.

Als ich Fangfu – ein paar Jahre nach meinem Einstieg in den Großen Weg (Pfeil I) – fragte, wie ich Laozi noch besser verstehen könnte, empfahl er mir: „Üben, üben, üben.“ Dies war der beste Ratschlag, den ich je im Leben bekam. Durch regelmäßiges Praktizieren wurde mir klar, dass sich Laozi nicht, wie ich es mir anfänglich einbildete, durch Gedankenakrobatik, sondern nur durch regelmäßiges Üben erkennen lässt. Fangfu: *„Üben dient dem Verständnis der Dao-Theorie und diese hilft der besseren Durchführung der Dao-Praxis.“*

Die damit erworbenen Lehrinhalte, die ich – nach bestem Wissen und Gewissen – hier wiedergebe, erkläre, kommentiere und auch zur Interpretation anderer Lehren benutze, wurden Fangfu zufolge, wie angedeutet, schon lange vor Laozi erfahren. Er war jedoch der erste, der „Wuwei“ einführte, dessen Wirkung er oft nur umschreibt, z.B. (Kap. 37): *„Das Dao wirkt beständig ohne ‚Absicht und* (willentliche) *Aktion‘.*“ Was er berichtet, wurde also im Erfahrungskonsens vieler Dao-Meister schon zuvor und danach nicht nur immer wieder bestätigt, sondern auch zunehmend von ihnen präzisiert. Fangfu fasste die Weisheit des Laozi in eine moderne spirituell-wissenschaftliche nüchterne Sprache, in der Hoffnung, Geistes- und Naturwissenschaftler dafür zu interessieren.

Mir ist bewusst, dass das, was ich bisher über Wuwei und seine Äquivalente in anderen Traditionen angedeutet habe und noch weiterhin ausführlicher erörtern werde, Ungeübten nicht leicht zu vermitteln und von ihnen auch nicht einfach nachzuvollziehen ist. Ein Begutachter eines meiner Bücher, in dem ich das S-Prinzip und damit erworbene Dao-Wissen (Qi-Wissen, Wuwei-Wissen) erkläre, kritisiert: „Ich kann damit nichts anfangen. Der Autor meint mit Wuwei auch nicht das, was die Welt darunter versteht. Seine Aussage, dass Griechen, Perser usw. schon Wuwei praktizierten, ist lächerlich.“ In der Tat, ich verbinde mit Wuwei nicht, was „alle Welt“ – Platon: „Die Masse als Gebieterin“ – damit assoziiert. Würde ich es tun, könnte ich nicht berichten, was ich zu Papier bringe. Würde ich nicht üben, würde ich vermutlich auch anzweifeln, was ich hier über Wuwei, Taiji, Qi usw schreibe/berichte.

Wer bis zum Buchende nicht ausreichend erkannt hat, was ich Dao-Metaphern und ihren Äquivalenten zuweise, befindet sich in guter Gesellschaft. Auch der Jesuit und

Missionar Matteo Ricci (1552-1619), der Chinesen zum Christentum konvertieren wollte, bezweifelte die Bedeutung von Taiji:[66] *„Ich habe gehört, dass die Menschen der Antike den Herrn des Himmels respektierten, nicht Taiji."* Damit tut er kund, dass sein Denken auf AD und nicht PD (Taiji-Denken) basiert. Auch möchte ich kurz den Missionar Richard Wilhelm erwähnen, der das *Daodejing* erstmals in die deutsche Sprache übersetzte. Er hatte zweifelsohne ein aufrichtiges Interesse, es korrekt auszulegen. Doch er hatte, so wie ich seiner Übersetzung davon entnehme, keinen Meister, so wie die meisten, die das *Daodejing* – ohne Bezug zur Praxis – übersetzen und interpretieren.

Werdet wie die Kinder

Folgende Zitate betonen, was regelmäßiges Üben bewirkt: (1) Laozi (Kap. 55): *„Trägt man in reichem Maße Tugend* (De) *in sich, ist man einem Kleinkind vergleichbar."* (2) Heraklit (B 52, B 100): *„Ein Kind hat das Amt, königlich zu herrschen über alles, was die Zeitabschnitte* (herbei-) *bringen."* (3) Zoroaster[67]: *„Gewähre mir [...] ein Kind, das [...] angeborene Weisheit besitzt, gut regieren und an Beratungen des Anjuman* (öffentliche Versammlung) *teilnehmen würde."* (4) Krishna empfiehlt Arjuna (Vers 3.30 in *Gita*), er solle – aus dem Zustand eines Erwachsenen heraus – zum Kind werden. (5) Jesus (Mat 18,13): *„Werdet*

---

[66] S. 146 in *Denken, Wissen, Weisheit* (DWW I).

[67] Siehe Punkt 3 unter Blessings: Grant me [...] a child, that would support.https://ramiyarkaranjia.com/quotes-from-zoastrian-texts/

wie die Kinder." (6) Suhrawardi:[68] *„Übergebe dich, so wie ein kleines Kind, deinem Vater.*" (7) Japanische Zen-Meister sprechen vom „Anfängergeist". (8) Auch die moderne Psychologie weist Kindern eine „magische Phase" zu. Ich liefere weitere Hinweise, die die Stimmigkeit obiger Zitate belegen und zur Erklärung weiterer Metaphern beitragen, die der Aufstieg (Pfeil I) „aus sich heraus" hervorbringt.

[68] S. 92 in Margaret Malamud; *Gender and Spiritual Self-Fashioning* – The master-disciple relationship in Classical Sufism. Journal of the American Academy of Religion 1996.

7. Lehre der drei Welten in Traditionellen Schulen

Ich bin dankbar, dass ich mit Fangfu in Kontakt gekommen bin und, von ihm unterstützt, seit 1997 mit dem Wuwei- oder S-Prinzip üben und das Netzwerk von Dao-Metaphern damit ausreichend kennenlernen konnte, um es in anderen Kulturen zu suchen, zu finden und ungeübten Lesern zu erklären. Nachdem ich die damit erworbene LDDW in der *philosophía* erkannte, entdeckte ich ihre Äquivalente auch in der *Hikmat al Ishraq*[69] (Philosophie der Erleuchtung) von Suhrawardi. Er schreibt[70]: „*Unter den alten Persern gab es eine Gemeinschaft von Menschen, die von Gott geführt wurden und auf diese Weise den wahren Weg gingen, würdige Weise, ohne Ähnlichkeit mit den Magiern. Es ist ihre kostbare Lichtphilosophie, die die übersinnliche Erfahrung von Platon und seinen Vorgängern bezeugt, die wir in unserem Buch Hikmat al-'Ishraq*[71] *wiederbelebt haben. Ich kenne keinen Vorläufer für ein solches Projekt.*" Auch ich kenne keinen Vorläufer für mein hier präsentiertes Projekt, das darin besteht, die von mir erkannte Übereinstimmung aller von mir zitierten traditionellen Lehren zwischen Ost und West so gut wie möglich hervorzuheben.

---

[69] Max Horten; *Die Philosophie der Erleuchtung nach Suhrawardi*; Georg Holms Verlag 1981.

[70] Aus dem Englischen: „There was among the ancient Persians [...]." Siehe https://en.wikipedia.org/wiki/Shahab_al-Din_Yahya_ibn_Habash_Suhrawardi

[71] Hikmat bedeutet Weisheit und ishraq Erleuchtung (Illumination). Ishraq und mashriq (Osten) haben dieselbe etymologische Wurzel sharq mit der Bedeutung „aufgehende Sonne". Dies erinnert an *ex oriente lux* (aus dem Osten kommt das Licht).

Ich fand die LDDW, die mir den Schlüssel für meine Auslegung aller Originaltexte liefert, nirgends so klar und vollständig formuliert wie von Fangfu. Dies half mir, sie nicht nur in der *philosophía* und anderen Weisheitslehren (z.B. *Hikmat al Ishraq*), sondern auch im AT, NT, *Nag Hammadi Code* (NHC)[72], in der *Pistis Sophía*[73] und weiteren biblischen Texten zu suchen. Ich konnte sie darin durch Mustererkennung finden, selbst wenn die Lehren mehr oder weniger verzerrt waren. Daraus konnte ich schließen, dass sie das S-Prinzip in sich tragen. Dies wiederum bedeutet, dass sie alle nicht nur in sich und untereinander stimmig, sondern auch einzigartig und universal sind. Dies gilt selbst dann noch, wenn sie – durch Unkenntnis ihrer Metaphern – umgedeutet wurden. Hat man jedoch eine klare Vorstellung vom Netzwerk der Dao-Metaphern, so ist auch ein verzerrtes in einer anderen Lehre damit zu entschleiern.

Sanjiexue: Dao-Lehre der drei Welten

Zu Sanjiexue (LDDW) – siehe Bild 2 – gehören, ich wiederhole und ergänze, die drei Welten (Wu, Wuyou = Taiji = Dao, You), wobei: Wu = Nichtsein, You = Sein. Wuyou

---

[72] Der NHC stammt aus der Zeit zwischen dem ersten und vierten Jhd. Die meisten Schriften sind aus der Sicht gnostischer Christen geschrieben. Das *Thomas Evangelium* liefert viele Hinweise, die mit daoistischen Texten gut übereinstimmen.

[73] Dieses koptisch-gnostische Werk stammt aus der Zeit zwischen 150 und 300. Seine Bedeutung liegt darin, dass es eines der wenigen Zeugnisse des antiken Gnostizismus ist, das nicht aus den patristischen apologetischen Schriften gegen die als Häretiker verurteilten Gnostiker stammt. Nach 325 hatte sich die christliche Religion bereits als „offizielle Religion des römischen Reichs" etabliert.

= Mischung aus Wu und You. Das Diesseits (A) ist die unterste Grenze des Seins (You). Das absolute Nichtsein (D) ist die oberste Grenze des Nichtseins (Wu). Die drei Weltinhalte sind (Xing, Qi, Shen). Qi ist Oberbegriff von (Shen, Qi, Xing) ist, d.h. es verwandelt sich im Aufstieg (Pfeil I) von Xing zu Shen und im Akt (Pfeil II) von Shen zu Qi. Die zwei Wirktriebe sind Wuwei (Wirkung aus Wu) und Youwei (Wirkung aus You). Wuwei wirkt – in rigoroser Weltabgewandtheit (Stille) – in Wuyou. Ihm wirkt Youwei entgegen. Der Fortschritt (P) auf dem Großen Weg (Pfeil I) gelingt nur, wenn Youwei durch Wuwei zunehmend besiegt wird. Dies geschieht bis Youwei von Wuwei in der Erleuchtung (D) überwältigt und das höchste WUWEI erfahren wird. Dann existiert kein Youwei mehr. Dazu sind spirituelle Hürden im Aufstieg (Pfeil I) zu überwinden, was ihn dreistufig macht. Der Akt (Pfeil II) ist dann – im Vergleich dazu – ein dreistufiger spiritueller Rückschritt (R). Er erfolgt dadurch, dass Wuwei durch Youwei zunehmend besiegt wird. Daraus ergibt sich die Frage: „Was sind die Äquivalente aller acht Metaphern von Sanjiexue in den anderen Lehren, die damit durch Mustererkennung erkannt werden?“

Lehre der drei Welten in der *philosophía*

Die *philosophía* verweist auf die drei Welten (längs Pfeil II in Bild 2) mit verschiedenen Metaphern, z.B. (*ouranós, okeanós*, *gaía*), übersetzt mit (Himmel, Meer, Erde). Die drei Weltinhalte sind (*pneúma, psyché, sóma)* mit *psyché* als Oberbegriff. Dies heißt, die *psyché* verwandelt sich im Aufstieg von *sóma* zu *pneúma.* Die treibende Kraft ist *philía,* der *neíkos* entgegenwirkt. Im Abstieg ist es umgekehrt.

Damit habe ich die Gleichheit der LDDW der Dao-Lehre und der *philosophía* angedeutet, so wie sie sich in vielen Zitaten, die ich präsentiere, kundtut. Was ich anspreche impliziert, dass es eigentlich nur Qi (*psyché*) gibt, das im Aufstieg zunehmend intensiver wahrgenommen wird. Dies spricht Laozi (Kap. 10) an: *„Kannst du dein Qi konzentrieren, [...] um dem Neugeborenen zu ähneln?"* Damit im Einklang sind seine bereits zitierten Worte (Kap.55): *„Wenn man zu einem großen Teil* (die durch Üben erworbene) *Tugend in sich trägt, ist man mit einem Kleinkind vergleichbar"*.

(*Philía-neíkos*) = (Liebe, Hass)?

Da *philía* mit Liebe übersetzt wird, liegt es nahe, *neíkos* mit Hass auszudrücken, was dem (polarisierenden) AD geschuldet ist, denn (Liebe-Hass) lässt die tiefgründige Bedeutung von (*philía-neíkos*) ganz und gar nicht erkennen. Ich werde daher meine übungsbezogene Interpretation des Duplets weiter untermauern, zumal sich (*philía-neíkos*) = (Liebe, Hass oder Streben) bei Interpreten – so wie eine Laus im Fell – seit Jahrhunderten festgefressen hat. Was für (*philía-neíkos*) zutrifft, gilt ebenso für damit eng zusammenhängenden Paare, z.B. (*noeín-dianoeín*), (*sophrosýne-aphrosýne*), (*epistéme-empeiría*). Der erste Eintrag in jedem Paar resultiert aus der Zuwendung zum erfahrbaren inneren Jenseits (Pfeil I), der zweite aus der Hinwendung zum äußeren Diesseits (A), an das es zu glauben gilt. Damit ist noch längst nicht alles gesagt, was ich über die Interaktion (den Streit) dieser Paare im Auf- und Abstieg berichten werde. Er betrifft auch die Interaktion zwischen

Adam und Eva, die zur Urversion (UJ-Version) der *Genesis* gehört (Teil II).

Wuwei = *philía* = mahabba = *ahabah*

Wer, so wie ich, Suhrawardis beeindruckendes Werk, das mit der Dao-Lehre und *philosophía* stimmig ist, vergleicht, wird sich fragen, was sein Äquivalent für Wuwei (*philía*) ist? Es ist mahabba. Es wird, so wie *philía,* mit Liebe übersetzt. Dabei wird ignoriert, dass auch mahabba im Üben zunehmend erfahren wird. Für Suhrawardi ist mahabba „innere Sehnsucht“[74]. Für seine meisterliche Kompetenz spricht, dass all sein Vokabular nicht nur auf beeindruckende Weise mit der Dao-Lehre, sondern auch mit der *philosophía* übereinstimmt. Dies bestätigt z.B. sein Gegenüber von mahabba. Er nennt es qahr oder galabah. Seine Übersetzung entspricht der von *neíkos,* dem Gegenüber von *philía*: Streben, Handeln, Dominieren, Beherrschen. Ich schließe mahabba daher in das universelle S-Prinzip (= Wuwei-Prinzip = *philía*-Prinzip) mit ein. Ich werde zunehmend mit Hilfe mehrerer Zitate (Wuwei, Youwei) = (*philía*, *neíkos)* = (mahabbah, galabah) begründen. Über mahabba berichtet schon vor Suhrawardi bereits Al-Hallaj, der so wie Rabia al-Adawiyya (714-801) und viele andere, den „mahabba-Weg“ (Pfeil I) ging. Er wurde – in seiner „(meditativen) Trunkenheit (Bild 1)“ – „von mahabba

[74] Each inferior light (nur safil) loves the higher light (al-nur al-‘ali) by what Suhrawardi calls “intrinsic yearning” (mahabbah*).*
http://philosophiaperennisetuniversalis.blogspot.com/2013/09/from-heidegger-to-suhrawardi-part-5.html (abgerufen am 21.10.2020)

überwältigt“. Er erfuhr[75] so das Geheimnis der Schöpfung (Pfeil II) als Liebe (mahabba) Gottes, der ihm zufolge Adam nach seinem Ebenbild erschuf, sodass der Mensch Gottes Manifestation (A) wurde (Siehe Kap. 3 in Teil II).

Ich habe mich bemüht, bei Jesus, der auf *philía* hinweist, auch Hinweise über *neíkos* zu finden, was mir nicht gelungen ist. Dies heißt nicht, dass er nicht wusste, dass *philía* ohne *neíkos* nicht existieren kann. Ich füge später der Gleichheit der drei Duplets (Wuwei, Youwei) = (*philía, neíkos)* = (mahabbah, galabah) noch das vedische (Akarma, Karma[76]) hinzu und zeige, dass Wuwei = *philía* = mahabba(h) auch zum Verständnis des hebräischen *ahabah* beiträgt, das David zugewiesen wird. Goliath wird hingegen das Gegenteil, *gala,* das Äquivalent für *neíkos* = galabah, zugeschrieben. Insofern kann obiger Gleichheit (*ahabah, gala)* noch hinzugefügt werden.

Dies heißt, dass es sich bei den fünf Lehren, um die einzigartige Erleuchtungslehre handelt, die dem S-Prinzip entspringt. Es ist unter allen Prinzipien, womit die Welt erkannt wird, das einzige, das KEIN Prinzip ist. Was damit

[75] S. 159 in Suleyman, Derin (1999)*; From Rabi'a to Ibn al-Farid : towards some paradigms of the Sufi conception of love.* PhD thesis, University of Leeds. https://core.ac.uk/download/pdf/43778.pdf

[76] Karma ist – ohne Bezug zu Akarma – nicht was gläubige Buddhisten und Hinduisten und die durch sie geprägten westlichen Anthroposophen und Philosophen darunter verstehen. Für sie ist Karma das gegenwärtige Schicksal bedingt durch Handeln in früheren Lebenszyklen. Sie sind der Meinung, dafür hätte die griechische Antike kein Äquivalent. Das von karma ist *neíkos.* Es gilt: *némesis* = Karma-Folge (bedrohliche Reaktion der *némesis* auf *hýbris).* Die Karma-Folge ist durch zu einseitige Weltzugewandtheit (Lust am Diesseits) geprägt und weniger durch vorangegangene Lebenszyklen.

vom Jenseits (A bis D) erkannt wird, ist, Fangfu zufolge, nicht weniger umfassend als was dem G-Prinzip über das Diesseits (A) zugänglich ist. Zu obigen fünf Lehren, die dem S-Prinzip genügen, kommen noch weitere damit stimmige dazu, die ich aber nur kurz kommentiere. Was ich über sie alle berichte, wirft die Frage auf: „Warum gingen sie und ihr einzigartiges Erfahrungswissen im westlichen und mittelöstlichen Kulturkreis verloren?" Ich habe in der Literatur keine Hinweise ausfindig gemacht, dass es dort noch existiert. Auch habe ich im Internet keine Schulen gefunden, deren Meister ihren Schülern die ESP-Wahrnehmung ermöglichen, worüber ich berichte.

Philosophía* = Mit *philía* zu *sophía* = *philéin to sophón

Philosophía (= mit *philía* zu *sophía)* heißt, im Aufstieg (Pfeil I) zunehmend *sophía* (Weisheit) mit *philía* (= Wu-wei) zu erlangen. Dies bestätigt auch: *philéin to sophón.* Die drei Worte gehen auf Heraklit zurück. Er erklärt, worum es dabei geht, nämlich: Mit *philéin* (Verb von *philía)* zu *sophón* (Weisheit über *eón*). Man bemerke die Endung *ón* in *sophón.* Sie betont die persönliche Erfahrung von *(e)ón* (SEIN = Immerseiendes). Für Heraklit gilt, so wie ich noch zeige: *eón* = *lógos*. Es sind Äquivalente für Dao (Taiji), dessen Inhalt im Aufstieg (Pfeil I) zunehmend erfahren wird, womit sich *sophón* (= *sophía)* stufenweise erweitert. Insofern ist es lächerlich zu behaupten, *philosophía* sei Liebe zur Weisheit, die – so wie es seit langem der Fall ist – über Gedankenakrobatik ausgelegt und nicht über Üben erworben wird. Über die Bedeutung der Praxis (Bild 1) berichtet der Iraner Al-Kindi (ca. 800-870). Er schreibt in *On First Philosophy* (Über die Erste Philosophie), dass das Ziel des *philósophos* darin besteht, *haqq* (Wahrheit) zu erreichen und zu praktizieren. Für ihn ist *tahqîq* (Verifizierung) das Leitprinzip allen Wissens und Handelns (nicht Handelns) hin zum höchsten Ziel, das die *psyché* (nafs) anstreben kann. Für ihn geht es dem *philósophos* also darum, die Wahrheit des *kósmos* (A bis D) im Üben zu erkennen. In der Dao-Lehre heißt sie Zhihui (智慧). Ich hoffe mit dem, was ich darüber schreibe, zum Verständnis beizutragen (3.Joh 1,4): *„Ich habe keine größere Freude als die, zu hören, dass meine Kinder in der Wahrheit wandeln."*

Der ewig gebärende *kósmos noetós* und vergängliche erschaffene *kósmos aisthetós*

Platon bezeichnet in *Timaios* (92c6-7)[77], so wie Philon[78], die diesseitige vielfältige Welt *kósmos aisthetós.* Sie (also A) ist für ihn Abbild (*eikón*) des schöpferischen *kósmos noétos.* Philon ist damit stimmig, wenn er den *kósmos aisthetós* (A) aus dem ihn übergeordneten *kósmos noetós*, den er auch *eón* (*to ón)* nennt, entstanden sieht. Philon weist übrigens Adam *nous* und Eva *aisthesis* zu. Er zitiert damit Adam und Eva in einer Weise, die mit Suhrawardi[79] stimmig ist, worauf ich noch ausführlich eingehe. Der *kósmos aisthetós* und *kósmos noetós* sind für ihn was Platon *mè eón* (Nicht-SEIN) und *eón* (SEIN) nennt. Das SEIN ist für ihn und andere ewig (immerseiend), womit zum Ausdruck

---

[77] *eikón tou noétou theòs aisthetós*

[78] https://de.wikipedia.org/wiki/Philon_von_Alexandria

[79] S. 268-269 in Jerald D. Gort, Henry Jansen and Hendrik M. Vroom (Ed.), *Probing the Depths of Evil and Good. Multireligious Views and Case Studies,* E-book, 2007: ISBN: 978-94-012-0462-0.

kommt, dass dies für das Nicht-SEIN nicht zutrifft. Dies werde ich noch mit mehreren Zitaten belegen.

Die zwei Wahrnehmungen, *aphrosýne* (Außenschau = Erkenntnis des Nicht-SEINs) und *sophrosýne* (Innenschau = Erfahrung des SEINs) assoziiert Platon mit (sinnlicher) *aisthésis* und (übersinnlicher, visionärer) *noésis. Noésis* geht mit PD *(noéin)* und *aisthésis* mit AD *(dianoéin)* einher. Beide Denkweisen führen zu zwei konträren Wissensweisen, der *epistéme* und *empeiría,* die sich aber auch ergänzen. Ich wiederhole und erweitere: Die *empeiría* fußt auf *aphrosýne (aisthésis)* und die *epistéme* auf *sophrosýne (noésis). Noésis* ist, so wie ich noch zeige, dem Herz und *aisthésis* dem Gehirn zugeordnet. In der Dao-Lehre gilt: *„Der Kopf ist das Werkzeug des Herzens."* Dies heißt, dass der heute von vielen so hoch gelobte „kluge Kopf" dem kreativen Herz (*phrén*) untergeordnet ist.

Auslegung der *Genesis* und anderer Schöpfungsmythen

Wie schon angedeutet und in Teil II ausführlich erklärt, sind Adam und Eva Äquivalente für *pneúma* und *sóma.* Sie und ihre Interaktion im Auf- und Abstieg sind unverzichtbar, um zu erkennen, was hinter der *Genesis* ursprünglich steckt: Der Akt (Pfeil II), worüber alle Traditionen übereinstimmend berichten. Er verdient es, einzigartig und universell genannt zu werden. Ich vergleiche ihn später mit der Evolutionstheorie! Was für die *Genesis* gilt, trifft für alle von mir revidierten biblischen und nicht-biblischen Schöpfungsmythen ebenfalls zu. Es ist nötig, ihren erfahrbaren Inhalt aus ihren Verzerrungen zu rekonstruieren, um zu erkennen was sie ursprünglich vermitteln. Dieser Inhalt ist ihnen nicht zu entnehmen, wenn man sie wortwörtlich nimmt. Ich enthülle ihre Wahrheit (*aletheía)* Schritt für Schritt, soweit sie sich in Worte fassen lässt. Dabei greife ich auf die Metaphern der Dao-Lehre zurück, die weder Gott noch Teufel (Satan), Sünde, Buße, Beten, Erbarmen, Reue, Heiligkeit, Seligkeit, Gläubigkeit und viele andere biblische Begriffe kennt. Was ich über den Akt, der sich hinter der *Genesis* und anderen Schöpfungsmythen verbirgt, berichte, erfordert also keinen „Gott (Vater, Herrn, Schöpfer, Baumeister)", der dies oder jenes sagte, benannte, sah, trennte, befahl, der fluchte und drohte, so wie es im AT zu lesen ist. Wenn ich dennoch immer wieder „Gott" zitiere, so meine ich damit die höchste erfahrbare Realität, die in verschiedene Metaphern (*lógos* = *eón* = *theós* = JHWH = EL usw.) gefasst ist, die damit übersetzt werden.

8. Unzulänglichkeit von Worten

Kehren wir zurück zu Heraklit: *„Aber obschon der lógos allen gemein ist, leben die meisten doch so, als ob sie eine eigene Einsicht* (Ansicht darüber) *hätten.“* Ich zitiere später Buddha Shakymuni (566-485 v.u.Z.) mit: *„Ich habe 49 Jahre lang Sutren und Dharma*[80] *erläutert. Eigentlich habe ich gar kein Wort verloren.“* Sie sind im Einklang mit Laozi (Kap. 1): *„Das Dao, worüber man sprechen kann, ist nicht das wahre Dao.“* Der Vergleich der drei Zitate lässt erkennen: *Lógos* = Dharma= Dao. Es kommt, wie die drei Zitate andeuten, nicht auf die Worthülsen an, womit *Lógos* = Dharma= Dao und weitere Äquivalent be- oder umschrieben werden, sondern auf die im Aufstieg erfahrbare einzigartige Wahrheit, die sich hinter ihnen verbirgt. Diese ist angesprochen in (1. Joh 3,18): *„Meine Kinder, lasst uns nicht lieben mit Worten noch mit der Zunge, sondern mit der Tat und mit der Wahrheit.“* Tat (durch Nicht-Tun) und Wahrheit verweisen auf die praktische Dao (*Lógos,* Dharma)-Erfahrung ohne Worte. Sie liefert das WISSEN über das Netzwerk aller Metaphern, die das S-Prinzip hervorbringt.

Entstehung des Christentums aus der *philosophía*

So wie sich die *philosophía (= theología,* zusammengesetzt aus *lógos* und *theós,* also doppelt gemoppelt)[81] durch Unkenntnis ihrer erfahrbaren Metaphern in die Philosophie (Theologie) verwandelte, transformierte sich auch der ur-

---

[80] Dharma ist das Äquivalent für Dao, *logós* usw.

81 Platon benutzt *theología* im 2.*Buch der Politeia* als Äquivalent für *philosophía.*

sprünglich im Aufstieg erfahrbare Lehrinhalt Jesu in die frühchristliche Glaubenslehre. Ihre Verwandlung setzte sich danach fort, weil seine Lehre sich an den wandelnden Zeitgeist und gesellschaftliche Bedürfnisse anpasste. So entstanden aus der Lehre Jesu – dem erleuchteten *philósophos* –verschiedene Konfessionen und Sekten. Geht man in deren Entwicklung zurück, so liegt ihr gemeinsamer Ursprung, so wie der der *philosophía*, im S-Prinzip: *creatio ex nihilo!* Dies bestätigten ihre AusÜBENDEN (Bild 1), die zum Ursprung der Schöpfung (*arché)* zurückkehren, was ich ohne mein Dao-Wissen der Literatur niemals hätte entnehmen können.

Mein alternativer Ansatz zur Bibelforschung

Ich bin Naturwissenschaftler und kein Bibelforscher, so wie Margaret Barker, Karen Armstrong, Elaine Pagels, Thomas Römer und andere, deren für mich widersprüchliche Beiträge ich zu den christlichen Aspekten im Buch studierte. Mein Ansatz, die Bibel (AT und NT) und gnostische und apokryphe Texte zu interpretieren, steht ihrem diametral gegenüber. Ich vermute, sie haben sich auf ihre „Vernunft (ratio)" verlassen. Wer tut dies nicht? Damit ignorierten sie Martin Luthers Empfehlung[82]: „Die Vernunft ist das größte Hindernis in Bezug auf den Glauben, weil alles Göttliche ihr ungereimt zu sein scheint, dass ich nicht sage, dummes Zeug." Leser werden erkennen, dass für mich weder Vernunft noch Glauben und erst recht nicht Luthers Empfehlung ausreichen, um das Göttliche zu enthüllen, was das S-Prinzip „aus sich heraus" hervorbringt.

[82] S.107 in *Martin Luther Tischreden*, [Aland] Bd. 9.

Es kreierte, so meine These, die *Genesis* und Lehre Jesu in der von mir vorgestellten Weise (Teil II). Für ihre Entschleierung hat mir auch Suhrawardis ilm al-huduri („Wissen durch Präsenz“) geholfen.

Wissen durch Präsenz

Ilm al-huduri ist das WISSEN (Dao-Wissen, *epistéme)*, das sich – ohne eigenes Zutun „aus sich heraus“ – in der ewig gebärenden Gegenwart (Mischung aus Vergangenheit und Zukunft, allgemein: Mischung aller Gegensätze im EINEN) offenbart. Suhrawardi nennt es auch ilm al-huduri al-ishraqi. Ich werde al-ishraqi noch erklären, zumal es auch in *Hikmat al Ishraq* erscheint, in dem ich die Dao-Lehre (Taijixue) und unverzerrte *philosophía (theología)* wiedererkenne.

Suhrawardi empfiehlt zum Erwerb von ilm al-huduri al-ishraqi, sich von den „Dunkelheiten dieser Welt (A)“ zu lösen und sich auf die „Erfahrung (Pfeil I) der Welt der Lichter“ vorzubereiten. Damit bezieht auch er sich auf das S-Prinzip, das die Mischung (Dao = Wuyou) aktiviert und AD vermindert, das durch Gegensätze wie Vergangenheit-Zukunft, gut-schlecht, logisch-unlogisch usw. geprägt ist. Für ihn ist AD das Denken der (peripatetischen) Philosophie (hikma bahthiyya), die er kritisierte[83]. Er war ihr jedoch zuvor und so erging es auch mir ausschließlich zugeneigt, bevor er durch Üben sein schöpferisches Denken (Taiji-Denken = PD) entwickelte, das er mit einem „blitz-

[83] Vgl. https://gaz.wiki/wiki/de/Shahab_al-Din_Yahya_ibn_Habash_Suhrawardi

haften Lichterlebnis“ verbindet[84]. „Entfachen des Lichts“ gelingt nicht mit (peripatetischer, diskursiver) Philosophie (hikma bahthiyya), sondern nur mit dem PD (*noeín)* der *philosophía* (hikma dhawqiyya) und ihren äquivalenten Lehren, die das S-Prinzip einsetzen. Auch betont er, ich wiederhole, dass die Worte der Alten „symbolisch“ sind und nicht widerlegt werden können. Damit betont er, so wie ich, dass die erfahrbaren Inhalte der Metaphern von Praktizierenden nicht infrage gestellt werden können. Sie brauchen von ihnen daher auch nicht geglaubt werden, so wie alles in der Welt, was nicht zur *philosophía* (hikma dhawqiyya) zählt. Sie allein führt zur Wahrheit, worüber alle von mir zitierten Weisen berichten. Dazu zählt Platon[85], für den der Erkenntnisakt ein Vorgang ist, der[86] „plötzlich (spontan) wie ein Feuer aus einem übergesprungenen Funken entfacht wird“.

Renommierte Repräsentanten der *epistéme* und *empeiría*

Ich hätte das, was ich über beide Wissensweisen berichte, nicht erkannt, wenn Fangfu die Dao-Lehre und ihren renommierten Vertreter Laozi nicht sowohl als weltab- wie auch als weltzugewandt dargestellt hätte. Dies betrifft alle Meister, denn deren PD ist, im Gegensatz zu AD, keine

---

[84] Pietsch, Roland: Die Weisheit der Erleuchtung. SPEKTRUM IRAN Nr. 32, 2/2019. http://spektrum.irankultur.com/wp-content/uploads/2020/07/Die-Weisheit-der-Erleuchtung-.pdf (abgerufen am 13.10.2020)

[85] Platon, *Siebenter Brief,* 341 cd.

[86] ἐξαίφνης, οἷον ἀπὸ πυρὸς πηδήσαντος ἐξαφθὲν φῶς, ἐν τῇ ψυχῇ γενόμενον αὐτὸ ἑαυτὸ ἤδη τρέφει.

Entweder-oder-Denken. Es geht ihnen sowohl um Persönliches, das PD als auch Gesellschaftliches, das AD erfordert.

Konfuzius hat für Fangfu das alte persönliche Dao-Wissen *(epistéme)* der Literatur entnommen und auf das alltägliche gesellschaftliche (weltzugewandte) Leben übertragen. Er soll Fangfu zufolge, noch auf seine alten Tage den Dao-Weg gefolgt sein. Äquivalente Repräsentanten für Laozi und Konfuzius sind für mich Platon und sein langjähriger Schüler Aristoteles, der sich jedoch von Platon im fortgeschrittenen Alter zunehmend distanzierte. Auch Suhrawardi hatte, wie angedeutet, in Ibn Sina (Avicenna, 980-1037) sein renommiertes Gegenüber. Darüber berichte ich in Teil II. Dort geht es mir darum zu zeigen, dass die „goldene Mitte" zwischen *epistéme* und *empeiría* zu finden ist, wovon jedoch die „wissensbasierte Gesellschaft" heutzutage weit entfernt ist. Dort geht es mir darum, zu begründen, dass die Dao-Lehre sowohl weltab- wie auch weltzugewandt ist. In anderen Worten, die persönliche Erfahrung des Jenseits (Pfeil I) wirkt positiv auf das gesellschaftliche Leben im Diesseits (A). Dieses wird mit Übungsfortschritt (P) zunehmend umfassender als ohne Üben wahrgenommen. Fangfu: *„Die Dao-Praxis ist nicht von dieser Welt* (A), *doch sie hat ihre positive Wirkung darauf."* Diese zeigt sich darin, dass regelmäßiges Üben vor Krankheiten schützt, heilt und außergewöhnliche Eingebungen kreiert. Fangfu assoziiert dies auch mit Verjüngen. Darüber berichten auch andere Meister. Sie bieten auch Weisheiten für Menschen an, die nicht üben, jedoch ihr Denken naturalisieren wollen.

9. Aufstieg der *psyché*: Kunst aller Künste

Der Aufstieg – Rückkehr oder Umkehr (Pfeil I) – aktiviert und intensiviert stufenweise den S-Trieb in uns. Dies ist nur deshalb möglich, weil er in uns verborgen (verschüttet) ist und wiedererweckt werden kann. Dies ist die Kunst aller Künste (*téchne technón)*; sie liefert das Wissen allen Wissens (*epistéme epistémón)*[87] über *e(ón).* Damit erkennt der Praktizierende die Bedeutung von (Mat 14.32): *„Der Geist (pneúma) ist willig, aber das Fleisch (sarx) ist schwach."* Er erfährt nämlich in seiner Praxis, dass der S-Trieb *pneúma* aktiviert, der G-Trieb diesem aus *psyché = sóma = sarx* hingegen entgegenwirkt. Er erkennt somit, dass seine Anhaftung am G-Trieb groß ist, was zum Ausdruck kommt in: *Das Fleisch (sarx) ist schwach.* Er wird sich bewusst, dass er seinen G-Trieb nicht überwinden (besiegen) kann, um aufzusteigen, wenn nicht gelten würde: *Der Geist (pneúma) ist willig.*

Die Gefahr, die von einseitiger Hinwendung zum Diesseits (*sóma)* ausgeht, drückt Platon aus mit (Phaidon 66d): *„Kriege, Zwiste, Kämpfe schafft uns nur sóma mit seinen Trieben, denn um den Besitz von Geld und Gut entstehen die Kriege alle, zum Gelderwerb aber werden sie nur gezwungen durch sóma als seine Sklaven."* Das Zitat ist eine Kritik an einseitiger Weltzugewandtheit inklusive der damit einhergehenden *empeiría.* Es trägt dazu bei Jesus zu verstehen (Joh 2,15); *„Liebt nicht* (nur) *die Welt noch was in der Welt ist!"*

---

[87] Gregor von Nazianz (349-390) benutzt diese Begriffe, aber vermutlich in einem anderen Sinn.

Art des Kreuzigens

Wir lesen im „Buch vom großen *kata mystérion lógos*" in der *Pistis Sophía* über den Aufstieg (Pfeil I), den Jesus seinen Schülern zugänglich macht:[88] „*Jesus, der Lebendige* (Beseelte), *hob an und sprach zu seinen Aposteln: ‚Selig* (besser: beseelt[89]) *ist der, welcher die Welt gekreuzigt und nicht die Welt hat ihn kreuzigen lassen.'*" Die Apostel fragten ihn: „*Herr, lehre uns die Art* (Kunst) *des Kreuzigens, [...], damit wir nicht zugrunde gehen und unser Leben verlieren.*" Sie wollten also die „Welt kreuzigen" (Pfeil I). Was steckt dahinter? Die Verbindung zwischen Üben und Kreuzigen ist in den zitierten *Johannesakten* angesprochen, die über „Reigen (Tanzen, Bild 1) im Zusammenhang mit Kreuzigen Jesu" berichten[90]. Weitere Details folgen in Teil II, insbesondere über die bereits angesprochene allegorische Bedeutung von Sterben, die von „Kreuzigen" untrennbar ist. Dabei geht es um die Empfehlungen Jesu an seine Schüler, aufzusteigen. Was sonst könnte „kreuzigen" bedeuten, als im Aufstieg (Pfeil I) voranzukommen, um damit *sophía* zu erlangen? Dies gelingt nur, indem man sich von den weltlichen Lüsten – symbolisiert durch Absal, Kakia, Kain, Schlange, Goliath – nicht

---

[88] *Pistis Sophia. Die beiden Bücher des Jeû. Unbekanntes altgnostisches Werk.* Hrsg. von Carl Schmitt, 1905. Siehe https://pdfslide.org/documents/koptisch-gnostische-schriften-pistis-sophia-die-zwei-buecher-des-jeu-.html (abgerufen am 13.10.2020)

[89] Dies ist ein Verweis auf den Aufstieg der *psyché,* womit ihr Wahrnehmungsspektrum erweitert wird.

[90] Isabella Schwaderer (Hrsg) et al.; *Annäherungen an das Unaussprechliche ....*

überwältigen, d.h. von ihnen nicht „aufs Kreuz legen“ lässt. Dies geschieht jedoch, wenn man nur am Diesseits (A) anhaftet und dort Platons „Schatten an der Höhlenwand“ als einzige Realität akzeptiert.

10. Das im Aufstieg erfahrbare Gemeinsame in den Mythen

Die von mir zitierten Mythen betonen, sofern sie enthüllt sind, nicht nur die Gefahr, sich diesseitigen Lüsten (finsteren Mächten) und allgemeinen Meinungen[91] exzessiv hinzugeben, sondern auch die (innere) Befreiung, die der Aufstieg (Pfeil I) bewirkt. Wer ihn bewältigt, so wie Herakles, Apollon, David, Jesus und viele andere, erlangt so die „Herrschaft (in D) über sich selbst". Er wird sozusagen sein „eigener Herr". Dies bilden sich auch viele ein, die sich dem G-Trieb und damit der *empeiría* ausschließlich hingeben. Zu ihnen zählt Kain. Er erkennt nicht, dass er sich in seiner einseitigen Weltzugewandtheit einer Illusion hingibt. Ich zitiere später Sophokles (497/496-406/405 v.u.Z.), der sich in seinen Tragödien über Menschen wie ihn lustig macht. Sie ignorieren: *Medèn ágan* (Tue nichts im Übermaß). Diese trivial klingende Aussage erscheint am Apollon Temple in Delphi. Sie ist jedoch sehr tiefgründig, denn sie verweist auf die negativen Folgen einseitiger Weltzugewandtheit, nicht nur für den einzelnen, sondern für die Gesellschaft und Natur. Je mehr sich Menschen dem G-Prinzip ausschließlich hingeben, umso mehr gefährden sie sich, die Gesellschaft und Natur.

[91] Dass die große Mehrzahl der Menschen Opfer der *doxa* (der unreflektierten ‚Meinung') ist und die ‚Wahrheit' von ihnen nur mit Mühe akzeptiert wird, ist bei Dion (ca, 40-120) ein häufiges Thema. Siehe: Dion von Prusa; *Der Philosoph und sein Bild*, Hrsg. Heinz-Günther Nesselrath, Mohr Siebeck Tübingen 2009.

Über die Entstehung der Mythen

Xenophanes (ca. 580/570 bis frühes 5. Jh. v.u.Z.) war sich darüber bewusst, das Sterbliche in jenseitig Erfahrbares diesseitig Glaubhaftes hineinzudichten (Fragmente 14 und 16): *„Doch wähnen die Sterblichen, die Götter würden geboren und hätten Gewand und Stimme und Gestalt wie sie." „Die Äthiopier behaupten, ihre Götter seien stumpfnasig und schwarz, die Thraker, blauäugig und blond."* Die Wurzel dieser Behauptungen ist: Gleiches durch Gleiches. Goethe: „Wie einer ist, so ist sein Gott. Darum ward Gott so oft zum Spott." Was einige in Gott zu erkennen vermeinen, ist für andere Bigotterie. Dies bestätigt, dass das Diesseits die Welt des Glaubens (*dóxa)* ist, die durch Gegensätze geprägt sind, die relativ beurteilt werden. Was für den einen der richtige Glauben ist, ist für den anderen Aberglauben, was der eine gut findet, ist für den andern schlecht. Obendrein gilt noch, dass das Diesseits eine Welt des ständigen Wandels ist: Was heute gut erscheint, ist morgen schlecht. Ewig beständig (unvergänglich) ist einzig und allein das Dao *(theós, lógos).*

11. Entstehung von Religionen

Fangfus Hinweise zur Entstehung des religiösen Daoismus und Buddhismus aus der einzigartigen Erfahrungslehre, die dem S-Prinzip genügt, haben mich motiviert, nach ähnlichen Verwandlungen, Erfindung von Religionen, im westlichen, mittelöstlichen und indischen Kulturkreis Ausschau zu halten.

Erfundene Tradition

Der Theologe Hubert Wolf schreibt mit Verweis auf *invention of tradition*[92]: „Die erfundenen Traditionen sollen eine exklusive – oft gerade auch religiös begründete Auserwähltheit der eigenen Nation belegen. Das dient der eigenen Selbstvergewisserung und gibt die Kraft zur Resistenz gegen Feinde von innen und außen. Wir sind größer, besser und nicht zuletzt heiliger als ihr. Unser Land hat Gott und die altehrwürdige Tradition auf unserer Seite." Was könnte das eigene und kollektive Ego mehr als dies streicheln? Wolf:[93] „Denn Tradition ist für viele Glaubensgemeinschaften das Instrument par excellence, um Gegenwart und Vergangenheit in Verbindung zu bringen und immer wieder den Kontakt zu Religionsstiftern in ferner Vergangenheit immer neu zu aktualisieren." Doch wo gibt es diese Stifter? Darüber gibt es einiges zu berichten.

[92] Hubert Wolf; *Die Erfindung des Katholizismus* (FAZ Nr. 178; 03.08, 2020).

[93] Siehe auch H. Wulf; *Der Unfehlbare: Pius IX. und die Erfindung des Katholizismus im 19. Jahrhundert,* C.H.Beck; Auflage 1 (16. Juli 2020).

Entstehung von Daojiao aus Daojia und Fojiao aus Fojia

Daojia (道家) (Dao-Lehre) ist die uralte Dao-Lebenspflege und Wahrheitssuche (Yangsheng-Xiuzhen), die dem S-Prinzip genügt. Daojiao (道教) ist, worüber sich viele Chinesen bewusst sind, die – durch *invention of tradition* – daraus entstandene Dao-Religion. Auf ähnliche Weise entstand Fojiao (佛教), die buddhistische Religion, aus Fojia (佛家), der Lehre Buddhas, die auch dem S-Prinzip genügt. Jia betont das persönlich Erfahrbare, Jiao das zu Glaubende. Fojiao existierte in China schon bevor Fojia durch Bodhidharma (ca. 440-528) von Indien oder Iran/ Afghanistan dorthin eingeführt wurde. Fojia verschwand danach dort, wo es entstand. Nachdem es in China – im Gewand von Chan, Fuß fasste, haben sich Daojia und Chan (Fojia), Fangfu zufolge, dort gegenseitig befruchtet. Dies war möglich, weil beide dem S-Prinzip genügen und daher im Kern identisch sind. Während Meister von Daojia und Fojia voneinander lernten, waren die Anhänger von Daojiao und Fojiao, die deren Vokabular übernahmen und uminterpretierten, bemüht, sich voneinander abzugrenzen. Erwähnenswert ist auch, dass Chan nach China auch in Japan als Zen Fuß fasste, jedoch allmählich auch dort religiös ausgerichtet wurde.

Wenn ich im Folgenden *invention of tradition* benutze, so meine ich damit die Entstehung einer Religion, die ihren Ursprung in der höchsten Erfahrung (D) des Unbekannten (Nichts) hat: *creatio ex nihilo*. Dies bestätigt meine Enthüllung der Mythen, die ursprünglich im S-Prinzip fußen, ebenso meine Revision der *Genesis* inklusive AEM im Teil

II. Dort gilt meine Aufmerksamkeit besonders der Entstehung des frühchristlichen Glaubens aus der Erfahrungslehre Jesu, den ich als Meister der *philosophía (theología)* und nicht als Religionsstifter betrachte.

Zum Ursprung des frühen Christentums

Die kurz skizzierte Entstehung von Daojiao und Fojiao ist für mich der Ansatz meiner These, die ich umfangreich begründe, dass aus der *philosophía (theología)* – durch Uminterpretation ihrer übungsbasierten Metaphern – die Philosophie (Theologie) inklusive all ihrer Mythen entstand. Ich sehe mich darin in der Kritik (Teil II) am frühen Christentum folgender Anhänger der *philosophía,* die in Athen bis zum Schließen in 532 der *akademeía* noch ausgeÜBT wurde, bestätigt. Zu den Kritikern zähle ich Kelsos (zweite Hälfte des 2.Jh.), Porphyrios (ca. 233-301/305), Iamblichos (240/245-320/325) und Julian (331/332-363). Auch zeige ich in Teil II, dass Anhänger der *philosophía* im christlichen Umfeld radikal verfolgt wurden und somit ihre Lehre verschwand. Ihre Schriften haben sich jedoch im arabischen Umfeld erhalten und gelangten von dort nach Italien. Sie wurden von Marsilio Ficino (1433-1499) übersetzt und prägten die Renaissance. Sie war jedoch keine Wiedergeburt der Antike in Bezug auf die Aufdeckung der Weisheit ihrer Meister, denn Ficino erkannte nicht deren Metaphern. Er legte sie auf der Basis seines christlichen Glaubens aus: Gleiches durch Gleiches. Er behauptet z.B.[94], dass Platonismus und Christentum in einer voraus-

[94] S. 130 in Franz Wegener; *Das atlantidische Weltbild und die integrale Tradition:* Nationalsozialismus und Neue Rechte auf der Suche

laufenden gemeinsamen Urreligion ihren Ursprung nahmen, die in verschiedene Untergruppen wie etwa den Zoroaster-Kult, den alt-ägyptischen, platonischen und christlichen Glauben im Laufe der Geschichte zerfallen sei. Wie ich in diesem Buch zeige, gab es keine Urreligion, jedoch die von mir erörterte einzigartige, eindeutige und für Erleuchtete nicht infrage zu stellende unreligiöse UrErfahrung, woraus durch *invention of tradition* die von mir zitierten Religionen entstanden.

Verlust der Eindeutigkeit

AT und NT haben zwei Facetten: Die erste artikuliert die im Aufstieg erfahrbaren Offenbarungen, die „aus sich heraus" kommen. Diese wurden zwar mangels Kenntnis der Metaphern verzerrt, sie können jedoch durch Mustererkennung rekonstruiert werden, so wie es meine bisherige Auslegung einiger Zitate und Mythen aus dem AT und NT zeigt. Ich werde ihnen noch weitere hinzufügen, die alle die LDDW und somit das S-Prinzip erkennen lassen. Die zweite Facette umfasst hinzugefügte Texte, was man daran erkennt, dass diesen die LDDW nicht zu entnehmen ist. Ich werde sie daher ignorieren. Die hier angedeutete Zweiteilung ist besonders auffällig in der *Genesis,* worüber ich in Teil II ausführlich berichte. Dort trenne ich – im Einklang mit anderen Autoren – ihre ursprüngliche J (JHWH, Jahwist)-Version von ihrer hinzugefügten P (priesterlichen)-Version. Aus der ersten, die durch *invention of tradition* verzerrt, d.h. mangels Kenntnis ihrer Metaphern neu ausge-

---

nach der versunkenen Atlantis, CreateSpace Independent Publishing Platform; 3rd edition 2014.

legt wurde, lässt sich, ich wiederhole, der Akt (Pfeil II) durch Mustererkennung wieder herstellen, aus der zweiten nicht.

Vom Erfahren mit PD zum Glauben mit AD

Die Entstehung der von mir revidierten noch unverzerrten Mythen erfolgte in einer Zeit, in der sich offenbar genügend Menschen, im Gegensatz zu heute, ihres (spirituellen) Abstiegs (Pfeil II in Bild 2, R = Regression) bewusst waren. Sie erkannten, dass ihnen der Aufstieg (Pfeil I, P = Progression) die Möglichkeit bot, auf natürliche Weise ihre Lebenspflege und Wahrheitssuche zu realisieren. Damit konnten sie nicht nur Krankheiten – es gab damals nur eine einzige und nicht so viele und stets neu entdeckte so wie heute – vorbeugen, sondern die „höchste Realität (D)“ mit „Leib und Seele“ erfahren. Vorsorge war wichtiger als Heilung, Erfahren wichtiger als Glauben. Die uns heute prägende und mit AD einhergehende Trennung krank-gesund, gut-böse, Glaube-Aberglaube usw. war noch nicht in dem Maß wie heute vollzogen.

Die hier angedeutete Dualität, die sich im Polarisieren besonders stark kundtut, hebt sich zunehmend mit Übungsfortschritt (P) „aus sich selbst“ auf. Sie lässt sich aber ohne Üben bis zu einem gewissen Grad beseitigen. Dafür bietet die Dao-Lehre drei analytische Prinzipien (Sanxi[95]) an. Diese kann jeder bewusst verinnerlichen, um mit dem Dao (*lógos)* im Einklang zu leben.

Was ich hier andeute scheint, wenn auch weniger konkret, das Anliegen von Aristoteles gewesen zu sein, der

[95] Siehe mein Buch *Denken, Wissen, Weisheit* (Teil I und II).

sich auch für die Harmonisierung der Pole und nicht für deren Trennung einsetzte. Dies sollte man, zumal er Schüler von Platon war, erwarten. Platon ging es vorrangig um die persönliche und indirekt um die gesellschaftliche Entwicklung, Aristoteles im fortgeschrittenen Alter nur noch um die gesellschaftliche, was ich mit Zitaten von ihm belege. Daher denke ich, dass es gerechtfertigt ist, sein Denken (AD) dem von Platon (PD), das uns verloren ging, gegenüberzustellen.

Dazu ist zu sagen, dass der Übergang (Pfeil II) vom ganzheitlichen PD zum trennenden AD die Entwicklung der *empeiría* förderte. Dazu zählt die AD-basierte Medizin, die zu der Zeit von Heraklit noch in Kinderschuhen steckte. Er kritisiert (Frag. 58): *„Fordern doch die Ärzte, wenn sie [die Kranken] auf jede Art schneiden, brennen [und schlimm quälen,] noch Lohn dazu [von den Kranken], während sie doch durchaus nicht verdienten, solchen zu erhalten, da sie ja nur dasselbe bewirken“*. Seine Worte verdeutlichen, dass er die konzept- und AD-basierte *empeiría* – ob ihrer negativen Auswirkungen – nicht sonderlich hochschätzte. Er verteidigte die „alte Heilkunst“ auf der Basis der (spirituellen) *epistéme.* Heute ist es umgekehrt. Viele Schulmediziner haben nur ein „müdes Lächeln“ für spirituelle Heilmethoden. Sicherlich zurecht, denn diese sind bei weitem nicht mehr das, worüber ich berichte. Der Meister heilt nicht seine Schüler. Er weist ihnen lediglich den Weg, sich selbst zu heilen, um somit der Gesellschaft nicht zur Last zu fallen. Er ermöglicht ihnen – durch seine Hebammenkunst *(maieutiké téchne)* – zu erfahren (erlernen), was sie im Akt (Pfeil II) verloren haben (Phaidon 756): *„Ist dann nicht, was wir ‚lernen‘ heißen, das Wie-*

deraufnehmen einer uns schon angehörigen (angeborenen verschütteten) *Erkenntnis?"* Je kränker der Übende ist, umso größer ist seine Motivation zu üben und somit auch sein Erfolg.

Viele Worte sind keine Worte

Zur uralten Erkenntnis gehört es, sich auf den *lógos,* der nicht in Worte zu fassen ist, anstatt auf die uns heute prägende und auf Worten basierende Logik zu verlassen. Laozi (Kap. 81): *„Wahre Worte sind nicht schön* (angenehm) *und schöne* (angenehme) *Worte sind nicht wahr."* Sie sind stimmig mit Laozi (Kap. 1): *„Das Dao, worüber man sprechen kann, ist nicht das wahre Dao."* Beide Äußerungen wiederum sind im Einklang mit der bereits zitierten von Heraklit: *„Aber obschon der lógos* (Dao) *allen gemein ist, leben die meisten doch so, als ob sie eine eigene Einsicht* (darüber) *hätten."* Auch folgende Beschreibung seiner *psyché-* und *lógos*-Erfahrung ist mit den drei vorangegangenen Zitaten stimmig (Frag. 45): *„Grenzen der psyché würdest du, gingst du darauf aus, nicht finden, und ob du jeden Weg beschrittest, so tief(gründig) liegt ihr Logos."*

Alle vier Zitate drücken aus, dass sich der *lógos* (Dao), das EINE *(hèn),* nicht mit Worten erfassen und erst recht nicht mit vielen beschreiben lässt. Fangfu: *„Viele Worte sind keine Worte."* Dennoch haben die Meister ihre Erfahrung immer wieder in Worte gefasst. Dabei handelt es sich um Metaphern, die als solche meist nicht erkannt werden. Was dann geschieht, zeigt die mangelhafte Auslegung der *philosophía* und all der anderen damit äquivalenten Lehren, die ich durch Mustererkennung – mit der Dao-Lehre als Bezugspunkt – auslege. Betrachten wir z.B. Joh (1,1-

3&14): „*Im Anfang war das Wort, und das Wort war bei Gott, und das Wort war Gott. Dieses war im Anfang bei Gott. [...] Und das Wort ward Fleisch (sarx). [...].*“ Benutzt man *lógos* anstatt der Übersetzung „Wort“, so wie es im griechischen Originaltext erscheint, ist das Zitat stimmig mit (Bild 2): Die *psyché* verwandelt sich (Pfeil II) von *pneúma* zu *sóma (= sarx).* Identisch damit ist: Aus dem *lógos* (*kósmos noetós)* emaniert (Pfeil II) der *kósmos aisthetós* (A). Ich zitiere noch viele damit identische Formulierungen. Sie alle artikulieren die im Aufstieg erworbene einzigartige *lógos*-Erfahrung und somit auch den sich daraus ergebenden Akt (Pfeil II).

12. Dualismus: Charakteristikum aller Glaubenslehren

Wer eine Religion (Konfession), wie Zoroastrismus und Manichäismus, dualistisch nennt, so wie es oft geschieht, verfolgt meist das Ziel hervorzuheben, dass seine eigene nicht-dualistisch (monistisch) und daher die bessere ist. Damit schmeichelt er zwar seinem Ego, verkennt aber, dass je mehr er trennt und polarisiert, sich vom EINEN (*hèn, lógos, theós, eón)* umso mehr entfernt. Die Behauptung, Zoroastrismus und Manichäismus seien dualistisch, ist richtig, doch deren Ursprung ist es nicht. Auch er fußt in der einzigartigen universellen Erfahrung, die das S-Prinzip hervorbringt. Lediglich was als „Erfundene Tradition" daraus entstand, ist dualistisch, was für alle Glaubenslehren mehr oder weniger zutrifft. Sie sind es besonders dann, wenn sie die Gegensätze betonen: Gott-Teufel, Himmel-Hölle, gut-böse, Glaube-Aberglaube, Sünde-Vergebung, Fluch-Segen, Liebe-Zorn, usw. Diese sind nicht von Natur gegeben, sondern von Menschen gemacht. Je mehr der Mensch polarisiert, umso mehr hat er sich von der Schöpfung entfernt. Dies gilt gleichermaßen für die hypothesenbasierte Logik der Wissenschaften.

Gott ist über das Gute erhaben

Wir lesen:[96] *„Philon bestimmt Gott als das Seiende (eón = to ón =* SEIN), *als die ewige einzig-einfache Einheit. Er ist noch ‚über das Gute erhaben'."* Dem ersten Satz zufolge gilt: Gott = „Einzig-einfache Einheit" = EINE *(hèn)* =

[96] „Gott" entnommen aus: Eisler, Rudolf: *Wörterbuch der philosophischen Begriffe*, Band 1. Berlin 1904, S. 399-411. www.zeno.org/Eisler-1904/A/Gott abgerufen am 13.03.2021)

SEIN *(eón)*. „Über das Gute erhaben" bedeutet, dass in Gott alle Gegensätze zusammenfallen. Wer z.B. gut in den Mund nimmt, grenzt es mit AD, egal ob er es ausspricht oder nicht, vom Gegenteil, böse oder schlecht, ab. Er ist damit mit obiger Erfahrung von „Gott", die Philon zugeschrieben wird, nicht im Einklang. Er hat vielmehr das dualistische Diesseits (Nicht-SEIN = *kósmos aisthetós*) im Visier. Dies ist die Welt, die durch AD – diskursives und relativ beurteiltes Abwägen von Gegensätzen – erkannt wird, so wie sie Heraklit anspricht:[97] *„Die Menschen finden* (im Diesseits) *einiges ungerecht, anderes gerecht; aber in den Augen Gottes ist alles schön, gut und gerecht."* Das Diesseits ist die „Welt der *dóxa* (Meinung, Spekulation, Glauben, Für-wahr-halten)", worüber ein sich stets wandelnder Meinungskonsens gefunden wird. Es ist die Welt, die im philosophischen Buddhismus und Hinduismus Maya (Erscheinungswelt) genannt wird. Sie entspricht dem, was Platon „Höhle" nennt. Je mehr der Dualismus im Aufstieg überwunden wird, umso mehr nähert sich der Übende dem Ausgang der Höhle und erfährt die himmlische Kraft, die alle Gegensätze vereint.

Der bedrohliche Fortschrittsglaube

Die heute allgegenwärtige ausschließlich und exzessiv eingesetzte *empeiría*, die sich mit AD mit dem Diesseits auseinandersetzt, ist – ob ihrer Konzepte, Hypothesen, Dogmen und Axiome – eine dualistische Glaubenslehre. Sie ist nicht im Einklang mit dem EINEN (*hèn, lógos, theós, eón).* Dies bestätigt mir der *Turmbau-Mythos* in der *Genesis,* den

---

[97] DK 22 B 102.

ich mit anderen von mir enthüllten Mythen in Übereinstimmung bringe. Darüber schreibt Armstrong:[98] „Die Erbauer erhofften sich, ihrem weltlichen Dasein eine himmlische Dimension dadurch zu verleihen, indem sie durch ihr ‚produktives strebsames Leben' ein ‚intensives erfülltes Leben genießen'. Doch Gott zerstörte ihr arrogantes Bemühen nach Göttlichkeit." „Gott" missbilligt die einseitige Befriedigung des G-Triebs, der mit AD einhergeht. Armstrong schlussfolgert, womit ich ihr zustimme[99]: „Zivilisation und Technologie kann keine segenspendende Quelle sein." Sie ist es umso weniger, je größer die innere spirituelle Zufriedenheit ist.

Das Urteil der Weisen

Von Weisen ist zu erwarten, dass sie ein „salomonisches Urteil" über das Verhalten der Menschen fällen. Ich zitiere in Teil II Salomon (10.Jh. v.u.Z.), der andeutet, um was es geht: *„Aber besser ist die Erkenntnis des ‚Menschen', der noch ‚ungeboren* (in D) *und nicht damit konfrontiert' ist, was der ‚Neid unter der Sonne* (nach dem Abstieg)' *bewirkt."* Hier geht es um den Erwerb der *epistéme,* wovon sich Kinder noch nicht distanziert haben, was erst durch ihre Erziehung erfolgt. Ich erinnere daran, was ich über „Werdet wie die Kinder" berichtet habe. Auch Salomon wusste also noch, dass nicht die *empeiría*, sondern spirituell erfahrbare *epistéme* segenspendend ist. Seine Weisheit ging jedoch mit zunehmender Zivilisierung der Menschheit verloren, die immer mehr „Turmbauer" produ-

---

[98] S. 52-53 in Karen Armstrong; *In the Beginning* - A New Interpretation of Genesis, Ballantine Books 1997.
[99] S.51 Ebda.

zierte. Nun scheint, so wie es die Ökokrise zeigt, der „Turm" einzustürzen. Genau davor warnt der *Turmbau Mythos*. Es ist Kritik unserer „weisen Vorfahren" an exzessiver Weltzugewandtheit, auch symbolisiert durch die Hure von Babylon.[100]

Verminderung der Ökokrise?

Lässt sich die Krise in Schach halten? Wenn ja, wie? Etwa dadurch, dass sich jeder selbst besiegt, so wie es die weisen Verfasser der von mir enthüllten Mythen empfehlen? Ich hoffe, Leser*innen unterstellen mir nicht, ich wäre so naiv und würde mir Hoffnung machen, dass dies jemals im großen Stil gelingen könnte. Sollte ich deshalb darauf verzichten, auf die uralten Einsichten (Eingebungen) unserer weisen Vorfahren hinzuweisen? Was könnte wahrer als ihre *epistéme* sein?

Insofern möchte ich sie noch weiterhin beleuchten, auch deshalb, weil sie in unserem „fortschrittlich denkenden Kulturkreis" schon früher als anderswo unterdrückt und ausgerottet wurde. Doch alle Mythen drücken, sofern man ihre Metaphern erkennt, Empfehlungen (Warnungen, Prognosen) aus, wie Mensch und Gesellschaft mit der schöpferischen Natur umgehen sollten. Sie lauten zusammengefasst: *Medèn ágan* („Nichts im Übermaß"). Doch man findet weitere davon untrennbare am Apollon Tempel in Delphi, z.B.: *gnothi seautón* („Erkenne dich selbst"). Beide und noch weitere damit stimmige, die ich zitieren werde, drücken das zentrale Anliegen der *philosophía* aus (Theai-

[100] Siehe Joh (17-18). Sie reitet auf einer siebenköpfigen Bestie. Leser werden in Teil II erfahren, was damit gemeint ist.

tetos 176ab): *homoíosis theó kata to dynatón* (Angleichung an *theós* so weit wie möglich). Ich erkenne es angesprochen in (1. Mos 1,26): *„Lasset uns Menschen machen in unserem Bilde, nach unserem Gleichnis."* Wie erfolgt die Angleichung? Für mich in Fangfus Empfehlung: *„Das Dao will im Üben ‚aus sich selbst heraus' erfahren* (Pfeil I) *werden."* Dies gelingt durch „Begehen des Pfads (Pfeil I)" ohne jegliche Erwartung, ohne Ziel- und Wunschvorstellung. Seine Umsetzung in die Praxis ist alles andere als leicht. Ich hätte mein Buch nicht verfasst, wenn die darin vermittelten Einsichten nicht auch Ungeübten von Nutzen wären.

13. Dreistufiger Wandel von Qi *(psyché,* nafs) im Auf- und Abstieg

Suhrawardi betrachtet Hermes Trismegistos (Henoch, Thoth) als Urvater aller *philósophoi.* Seine Beschreibung des Illuminationswegs (Pfeil I) stimmt mit der von Fangfu und in der *philosophía* bestens überein.

Enthüllung durch Mustererkennung

Musterkennung führte mich zur Akzeptanz: (Xing, Qi, Shen) = *(sóma, psyché, pneúma)* = (nafs-i ḥayawānī, nafs i-insāni, nafs i-ruhani). Die drei Triplets beschreiben übereinstimmend die drei Metamorphosen von Qi (*psyché*, nafs) im Auf- und Abstieg (Pfeil I und II). Dabei ist zu bemerken, dass *psyché* der Oberbegriff von *(sóma, psyché, pneúma)* ist, so wie es Wasser von (Eis, Wasser, Dampf) ist. Dies gilt auch für die beiden anderen Triplets, für die Qi und nafs die Oberbegriffe sind. Was ich anspreche bedeutet, dass jeder Hinweis auf eine der drei Komponenten in jedem Triplet automatisch alle drei Existenzen und somit ihren dreistufigen metamorphischen Wandel (Pfeil I, Pfeil II) anspricht. Hinzu kommt, dass jeder der drei Metamorphosen eine Welt (ein Bereich) zugewiesen ist.

Der Aufstieg liefert das Erfahrungswissen Taijixue *(epistéme,* ilm al huduri), das allen drei Traditionen gemein ist. Dies bestätigt, dass sie das S-Prinzip einsetzen, wobei gilt: Wuwei = *philía* = mahabba. Eva symbolisiert für Suhrawardi die „tierische *psyché* (nafs-i ḥayawānī)“ und Adam die „geistige *psyché* (nafs i-ruhani[101])". Die nafs (Qi, *psyché)* zwischen beiden, nafs i-insāni, wird mit „menschlicher *psyché"* übersetzt. Dies ist zu berücksichtigen, wenn *psyché* in der von mir zitierten Weisheitsliteratur mit Seele und im NT sogar mit Leben übersetzt wird. Für weitere Details siehe was ich schon über die LDDW, die der Dao-Lehre, *philosophía* und Hikmat al Ishraq gemein ist, berichtet habe und noch werde. Alles hängt untrennbar zusammen, wird jedoch durch AD getrennt.

Die Welt zerfällt in zwei (drei) Teile

Für Suhrawardi wird in der „Rückkehr zum Selbst (Pfeil I)" das Wissen über nafs (Qi, *psyché)* erfasst.[102] Dies zeigt seine Aussage, die er Zarathustra[103] (vermutlich 1.500-1.000 v.u.Z.) zuschreibt[104]: *„Die Welt zerfällt in zwei Teile, eine paradiesische, die Welt der Lichter und des Geistes, und eine dunkle* (finstere), *die der Körper."* Auch wenn das Zitat nur zwei Welten anspricht, so verbergen sich die drei Metamorphosen[105] von nafs (Qi, *psyché)* dahinter, das Suhrawardi und andere Meister auch Licht nennen. Der

[101] Man beachte den etymologischen Zusammenhang zum hebräischen rûaḥ, das 378 Mal im *Tanach* vorkommt und dort mit „Geist" übersetzt wird.
[102] Wir lesen: Return to yourself (nafs): "that is, knowledge one obtains through one's own soul." https://plato.stanford.edu/entries/suhrawardi/
[103] Griechisch: Zoroaster = Goldener Stern.
[104] S.45 in Horten, Max. *Die Philosophie der Erleuchtung nach Suhrawardi;* Georg Holms Verlag 1981.
[105] Die Suhrawardi-Interpreten Max Horten, Henry Corbin, John Walbridge und Łukasz Piątak, deren Werke ich intensiv studierte, haben die fundamentale Rolle von mahabba für die drei Metamorphosen der nafs (*psyché*) im Auf- und Abstieg nicht erkannt. Ich hätte es auch nicht ohne Einweisung von Fangfu.

Zitatinhalt wird im Aufstieg bestätigt. Er klärt, warum Suhrawardi – in seiner Dreiteilung von nafs – die „menschliche nafs (nafs i-insāni)“ zwischen die unterste tierische und höchste geistige platziert. Der Grund ist, weil für ihn „der Mensch erst dann ein MENSCH ist“, wenn er eine gewisse „spirituelle Höhe“ (Pfeil I) erreicht hat. Suhrawardi deutet auch an[106], warum Abraham, auf den ich noch genauer eingehe, Adam bei seiner Himmelfahrt (Pfeil I) am „Ort vor dem Tor des Paradieses (D)“ angetroffen hat. Dafür liefert meine Revision des AEM (Teil II) eine detaillierte Erklärung, die auf der Dao-Lehre und Suhrawardis Hinweis auf Adam und Eva fußt.

Auch Philon zitiert, wie angedeutet, Adam und Eva in einer Weise, die mit Suhrawardi[107] stimmig ist. Ich erkenne darin Eva = *sóma* und Adam = *pneúma,* die sich im Auf- und Abstieg – in dialektischer Interaktion – „im Kampf (*pólemos)* miteinander“ befinden. Diesen beschreibe ich ausführlich in meiner Auslegung des AEM (Teil II, Kap.3). Dieser ist – so wie auch die *Genesis* – ursprünglich von spiritueller Natur. Ich greife dafür aber auch auf Philons Vertrautheit mit der *philosophía* und dem AT zurück, denn es war sein Anliegen, so wie es auch meines ist, Metaphern der *philosophía* (= mit *philía* zu *sophía)* zur Enthüllung des AT zu benutzen. Dies ist seinem Werk *De Virtutibus* (Über

---

[106] M.R. James; *The Testament of Abraham, the Greek Text now first edited with an Introduction and Notes. With an appendix containing extracts from the Arabic Version of the Testaments of Abraham, Isaac and Jacob, by Barnes* in "Text and Studies", 2.2, Cambridge 1892. Vgl. https://en.wikipedia.org/wiki/Testament_of_Abraham

[107] S. 268 in Jerald D. Gort, Henry Jansen and Hendrik M. Vroom (Ed.); *Probing the Depths of Evil and Good. Multireligious Views and Case Studies,* E-book, 2007: ISBN: 978-94-012-0462-0.

Tugenden) zu entnehmen, das dem *De vita Pythagorica* von Iamblichos sehr ähnelt. Darin spielt *philía* die zentrale Rolle, die von Interpreten – mangels Kenntnis ihrer zentralen Rolle in der LDDW – missverstanden wird.

Qi (*psyché*, nafs) = Licht

Licht ist in fast allen Kulturen ein Äquivalent für das sich im Aufstieg intensivierende Qi (*psyché,* nafs). Es wird zunehmend übersinnlich erfahren, doch selbst Erleuchtete erkennen nicht, warum es existiert. Suhrawardi erwähnt nūr al-anwār (Licht der Lichter). Damit verweist er wohl auf die höchste Qi (*psyché,* nafs)-Erfahrung. Dies half mir, Jesus zu würdigen (Joh 8,12): *„Ich bin das Licht der Welt. Wer mir nachfolgt, der wird nicht wandeln in der Finsternis* (in Platons Höhle), *sondern wird das Licht des Lebens haben.“* Der erste Satz betont, dass Jesus sich selbst, so wie alle Meister, in seiner Erleuchtung als höchstes Qi (*psyché,* nafs)-Qi = Licht (der Lichter) wahrnahm. Der zweite ist seine Empfehlung, sich auf den Aufstieg zu begeben. Stimmig damit ist Joh (12,46): *„Ich bin in die Welt gekommen als ein Licht, damit, wer an mich glaubt, nicht in der Finsternis*[108] *bleibt.“* Natürlich muss man als Schüler *(mathetés)* erst einmal daran glauben, was der Meister berichtet. Doch sein Ziel ist es, dass seine Schüler seine Erfahrung (Pfeil I) auch so gut wie möglich selbst nachvollziehen und damit bestätigen. Wem es gelingt, erahnt, was sich ursprünglich verbirgt hinter (Mos 1,3): *„Gott sprach: Es werde Licht. Und es wurde Licht.“*

---

[108] Finsternis ist eine Metapher für das Diesseits („Platons Höhle“).

14. Drei Vorgehensweisen zur Erfahrung des Dao

Zur Durchführung des Großen Weges gibt es Fangfu zufolge drei Vorgehensweisen. Hier kommt die erste. Sie beinhaltet, dass früher Einsteiger in die Dao-Praxis keine Theorie bekamen. Sie erhielten vom Meister lediglich die Anweisung, sich locker und entspannt hinzustellen. Dafür erzeugt der Meister ein spezielles Qi-Feld, in dem sie sorglos üben konnten. Damit erfassten sie durch ihr regelmäßiges Üben zunehmend, was „aus dem Nichts (Wu) heraus" selbstbewegt hervorkommt: *Creatio ex nihilo* (Schöpfung aus dem Nichts). Das *Nichts* ist die obere Grenze des Dao. Schüler konnten ihre Erfahrung mit dem Meister diskutieren und dieser konnte ihnen bestätigen, ob sie echt oder eingebildet waren. War letzteres der Fall, gab er ihnen hilfreiche Hinweise, ihr Üben zu verbessern. Auf diese interaktive Weise konzipierten Schüler selber die Theorie, die ihnen der Lehrer bestätigte.

Diese erste Vorgehensweise führte zur zweiten. Sie bestand darin, dass Schüler an Orten übten, an denen ein erleuchteter Meister praktizierte, den sie nie angetroffen haben. Sie konnten dort erfolgreich üben, weil der Meister durch sein Üben anfänglich dort unbewusst ein Qi-Feld aufgebaut hatte, das über viele Jahrhunderte hin gespeichert war und dem sie alle Information entnehmen konnten, um durch regelmäßiges Üben selber erleuchtet zu werden. Derartige Orte haben Praktizierende früher angezogen.

Fangfu zieht folgende dritte Vorgehensweise vor, die seit mehreren Jahrhunderten eingesetzt wird. Diese ergänzt die erste dadurch, dass er Schülern viel Theorie vermittelt, was mich sehr ansprach. Hinzu kommt noch, dass diese eine Qi-Übertragung von ihm bekommen, worauf traditionelle Schulen seit vielen Generationen fußen. Sie ermöglicht es ihnen, sicher für sich alleine an Orten ihrer Wahl üben zu können. Generell gilt, dass gemeinsames Üben (Bild 1) effektiver ist, als alleine zu üben.

Ich bin Du

Ich erkenne eine Mischung aus der ersten und zweiten Vorgehensweise im iranischen Gedicht von Rumi *Ich bin Du*:[109] Ein Mann (Schüler, Interessent) klopfte an die Tür des Meisters. Der fragte: „Wer ist da?“ Er antwortete: „Ich bin es.“ Der Meister: „Geh weg, es ist nicht die Zeit. An diesem Tisch ist kein Platz für einen ‚Rohling‘ wie dich. Was kann das Rohe ‚kochen‘[110] außer das ‚Feuer der Abwesenheit‘ und ‚Trennung‘? Was sonst kann ihn von seiner *hýbris* befreien?“ Der Schüler ging weg, übte intensiv und regelmäßige sein „Verbrennen im Feuer (Qi) der Weltabgewandtheit“, was ihn zunehmend von seinen weltlichen Lüsten trennte. Danach kehrte er zum Meister wieder zurück. Als dieser seinen spirituellen Fortschritt (P) erkannte, sagte er: *„Nun, da du ICH bist, komm herein, oh ICH selbst. In diesem Haus war nie Platz für zwei Ichs.“* Ich besuchte einen Ort im Iran, wo im 9. Jh. ein bekannter

[109] Verkürzt und modifiziert aus: *Mathnawi I*: 3056-3063, *The Rumi Daybook*, übers. Kabir & Camille Helminski. Vgl. https://rumiscircle.com/selected-poems/ (abgerufen am 01.03.2021)

[110] „Feuer“ verweist auf Qi (*psyché*, nafs) und „Abwesenheit“ auf rigorose Weltabgewandt, wodurch Wuwei (*philía*, mahabba) aktiviert und intensiviert wird, was die Transzendenz (Pfeil I), die „Trennung vom Diesseits“ und den „Aufstieg“ bewirkt.

Meister und vermutlich seine Schüler in einem kleinen Raum übten! Ich ging davon aus, dass das Feld des Meisters nicht mehr existierte. Dennoch war mein Üben dort ein unvergessliches Erlebnis.

Viel gesagt und doch kein Wort verloren

Buddha hat, so wie Fangfu und viele Meister, seinen Schülern den Weg mit Worten erklärt, wohlwissend, dass diese nicht die Erfahrung vermitteln können, die durch Üben erworben wird. Ich zitiere und erörtere später Buddhas Worte: *„Ich habe 49 Jahre lang Sutren und Dharma*[111] *erläutert. Eigentlich habe ich gar kein Wort verloren.“*!

Alle Meister zitieren die Lehre der drei Welten

Was Fangfu seinen Schülern über Buddha und dessen LDDW mitteilt, widerspricht folgender Behauptung: [112] „Weder Buddha noch seine ersten Jünger noch die späteren Verfasser des *Abhidhamma* haben jemals von drei Welten geredet.“ Auch Suhrawardi, der über die drei nafs berichtet, spricht sie an. Ich entnehme seinen noch folgenden Hinweisen, dass auch Zoroaster damit vertraut war. Dies gilt ebenso für Mani (216-276/277), der zum Stifter des religiösen Manichäismus deklariert wurde. Auch er war ein Meister und kein Religionsgründer. Er berichtet:[113] „Die

---

[111] Dharma ist das Äquivalent für Dao, *logós* usw.

[112] Greger, Wolfgang; *Leer ist die Welt. Atta und Anatta.* Bemerkungen zu einem Buch von Rhys David. www.palikanon.com/buddhbib/02leerwelt/leerwelt4.html (abgerufen am 01.03.2021)

[113] *S. 437 in Ferdinand Christian Baur; Das Manichäische Religionssystem nach den Quellen neu untersucht und entwickelt,* Forgotten Books 2018.

drei Welten sind nämlich (von oben nach unten), (1) die der allerhöchsten farb- und gestaltlosen Wesen, (2) die der farbigen oder eine Gestalt habenden Wesen, (3) die Welt des Gelüstes und Gaukelspiels der Erscheinungen." Damit beschreibt er den dreistufigen Schöpfungsakt. Dieser ist mit vielen ähnlichen Artikulierungen, die ich in Teil II zitiere, stimmig. Dazu zählen Äußerungen von Jesus, ebenso die Behauptung (Gen 2,1-3), Gott habe die Welt in sieben Tagen erschaffen. Sie mag vielen Lesern unsinnig erscheinen. Doch auch dahinter verbirgt sich, wie ich zeige, die LDDW, womit der Akt (Pfeil II) beschrieben wird.

15. Ursprung des Monotheismus

Ich liefere viele Hinweise, die andeuten, dass der Ursprung des Monotheismus‘ im nicht anzuzweifelnden Erfahren im Aufstieg (Pfeil I) und der damit erlangten Erleuchtung (D) liegt.

Echnaton = Moses? Begründer des Monotheismus‘?
Es gibt Interpreten[114], die vermuten, Pharao Amenophis IV (1353-1336 v.u.Z.), der den „Künstlernamen“ Echnaton (Akhenaten) bekam, und Moses[115] seien identisch. Echnaton bedeutet: Der „sich Aton[116] hingibt“ und „von der Wahrheit lebt“. Dies ist ein erster von vielen Hinweisen dafür, dass er mit einer traditionellen Lehre und keiner Glaubenslehre zu tun hat. Aton wird erstmals um ca. 2000 v.u.Z. erwähnt und umschrieben mit Licht und Schein, der die Welt durchdringt und überall Leben spendet. Darauf deuten die Strahlen (vom Rand) der Sonnenscheibe (Bild 3)[117] hin. Sie symbolisiert den im Aufstieg erfahrbaren

---

[114] Jahn Assmann: *Moses und Echnaton,*
Vgl. https://core.ac.uk/download/pdf/153401491.pdf

[115] Vgl. Moses: https://en.wikipedia.org/wiki/Moses_(given_name) (abgerufen am 01.03.2021). Nach Entschlüsselung der Hieroglyphen und Beginn der Ägyptologie wurde postuliert, dass der Name Moses mit einer ähnlichen Aussprache wie der hebräische Moshe das ägyptische Wort für Sohn ist und Pharaonen mit Tutmose – "Sohn von Tut" – bezeichnet werden. Tot = Thoth (Hermes Trismegistos) = „silberner Aton*“:*

[116] Höchste himmlische Erfahrung, woraus durch Anbetung Gott ‚Re’ entstand (Siehe Teil II).

[117] Das Bild findet man im Internet. Es wird im Gegensatz zu mir als ein religiöses Motiv angesehen.
Vgl. https://www.tagesspiegel.de/kultur/ausstellung-im-licht-von-amarna-nofretete-und-die-revolution-des-sehens/7482922.html

‚Aton', Urstoff der Schöpfung. Ich erkenne im Bild meines Buchdeckels, das ich 1998 in Teheran kaufte, eine gewisse Ähnlichkeit zu Bild 3.

Bild 3. Echnaton und Nofretete unter der Sonne

Echnaton verlegte die Hauptstadt Theben (heute Luxor) in seine neu gegründete Wüstenstadt Achet-Aton (Horizont des Aton) mit Per Aton (Haus des Aton) als Haupttempel. Doch war es wirklich ein Tempel im religiösen Sinn? Es heißt[118], Echnaton habe den Monotheismus eingeführt, verbot alle religiösen Kulte in Ägypten und machte sich damit deren Priester zu Feinden. Dies brachte ihm den

[118] Schlögl, Herman A.: *Der Glaube Nofretetes wirkt in der Bibel fort.* Die Welt vom 24.12.2021. www.welt.de/geschichte/article112177844/Der-Glaube-Nofretetes-wirkt-in-der-Bibel-fort.html (abgerufen am 01.03.2021)

Namen „Ketzer-König“ und „falscher Prophet“ ein[119]. Einige Interpreten nennen ihn psychisch krank, andere hingegen einen großen Reformator.

Betrachten wir Bild 3, das ihn mit seiner Gemahlin Nofretete (Nefertiti) und seinen Sohn Tutankhamun (1333-1332) zeigt. Es symbolisiert den Akt (Pfeil II), so wie er zwischen West und Ost auf vielfältige und übereinstimmende Weise in Worten, Bildern, Symbolen und Zahlen dargestellt ist (Teil II). Er ist umfassend in Bild 2 (Pfeil II) mit vier kreisförmigen Dao-Symbolen mit weißen und schwarzen Feldern dargestellt, denen die Zahlen 1, 2, 3, 4 zugeschrieben sind. Darüber schreibt Laozi (Kap. 42): *„Das Dao erzeugt Eins, Eins gebärt Zwei, Zwei die Drei und Drei die 10.000 Dinge.“* Darauf komme ich in Teil II zurück, wo ich viele damit identische Zitate liefere, die den Akt (Pfeil II) beschreiben. Für ihre Gleichheit mit Bild 3 spricht, dass Aton der androgyne Schöpfer ist, d.h. der *„EINE (hèn), der sich zu Vielen (pánta) macht* (Pfeil II)“. Dieses EINE ist auch durch das altüberkommene ägyptische Zeichen ⊙ für Sonnenscheibe und Horizont (Achet) symbolisiert. Es ist auch das Zeichen für die pythagoreische Monade (Teil II). Es ist, wenn auch ohne Punkt, in vielen traditionellen Kulturen angesprochen. Es entspricht dem leeren oberen Kreis in Bild 2, dem Taiji-Symbol (Taijitu), das alle darunterliegenden kreiert. Das letzte Zitat und Laozi-Zitat davor sind mit Heraklits *hèn pánta einai* (Eins ist alles) stimmig. Sie verweisen auf das EINE *(hèn)*,

---

[119] Reeves, N; *Akhenaten: Egypt's False Prophet*, Thames & Hudson Ltd 2005.
Vgl. http://papyrus-magazin.de/geschichte/echnaton-amenophis/ (abgerufen am 01.03.2021)

das sich im Aufstieg (Pfeil I) zunehmend offenbart und woraus das Viele *(pánta)* im Akt (Pfeil II) hervorgeht (emaniert). *Hèn pánta einai* wird in Teil II ausführlich erklärt.

Das EINE wird auch oft als androgyn (mann-weiblich) bezeichnet. Es ist ein Attribut von Aton. Auch Echnaton wird androgyn dargestellt. Dazu ist zu sagen, dass Androgynität, wie noch mehrere Hinweise zeigen werden, kein Genderattribut, sondern eins für das spirituelle EINE (Aton) ist, woraus das dualistische Diesseits (Viele), symbolisiert durch Mann (Yang) und Frau (Yin), emaniert. Im EINEN sind männlich und weiblich gemischt, was die Mischung androgyn macht. Dabei handelt es sich, ich wiederhole, um kein Genderattribut, was für andere noch folgende Zitate auch zutrifft.

Die Ähnlichkeit zwischen dem, was ich Bild 3 zuweise und dem in Gen (1,27) angesprochenen Akt (Pfeil II) ist unverkennbar: *„Und Gott* (symbolisiert durch die Sonnenscheibe) *schuf den Menschen zu seinem Bilde, zum Bilde Gottes schuf er ihn; und schuf sie als Mann und Frau.“* Dafür spricht auch die Etymologie von Nefertiti. Auch sie allegorisiert das Resultat (die Emanation) des Akts (Pfeil II): [120] *„Die schöne Frau ist gekommen.“* Ebenso Tutankhamun: *„Das* (im Diesseits) *lebende Abbild von Aton.“* Dies alles spricht dafür, dass Bild 3 auf keine Glaubens-, sondern die Erfahrungslehre verweist, die den Akt (Pfeil II) damit symbolisch beschreibt.

---

[120] Dodson, Aidan, Amarna Sunset: *Nefertiti, Tutankhamun, Ay, Horemheb, and the Egyptian Counter-Reformation.* The American University in Cairo Press. 2009.

Leser*innen haben vermutlich schon bemerkt, dass mein Augenmerk weniger den „Personen“ Echnaton, Moses, Herakles, Kakia, David, Goliath, Kain, Abel, Aphrodite und Persephone, geschweige denn Göttern oder Göttinnen gilt. Was mir viel wichtiger ist, was sie – so wie auch Tiere, z.B. Schlange, Drache und Löwe, oder auch Sonne, Symbole, Zahlen usw. – als Aspekte der *psyché* im *kósmos* (Pfeil I und II) allegorisieren. Damit meine ich die spirituelle Eingebung, die im Aufstieg der *psyché* (Pfeil I) zunehmend erlangt wird und den Akt (Pfeil II) mit Symbolen (Metaphern) beschreibt. Darüber werde ich noch ausführlich berichten, zumal es hilft, folgende zwei Fragen zu beantworten: Was rechtfertigt Echnaton = Moses, so wie es einige Autoren behaupten? Sind sie wirklich Begründer des Monotheismus? Es ist ein religiöser Begriff, der – so wie es meine Auslegung der *Genesis* (Teil II) zeigt – durch *invention of tradition*, d.h. Umdeutung von im Aufstieg erfahrbaren Metaphern zustande kam.

Auf das Echnaton und Moses Gemeinsame und im Aufstieg Erfahrbare verweisen z.B. die beiden Zitate: *„EINE (hèn), der sich zu Vielen (pánta) macht.“* Und[121] *„Höre Jsrael, Jahweh, unser Gott, Jahweh ist EINER.“* Es betrifft ebenso die Gleichheit der Botschaft in Bild 3 mit der in Gen (1,26f): *„Jahweh schuf den Menschen, Mann und Weib, als sein Bild.“* Es ging in Achet-Aton also vermutlich nicht, wie behauptet, um die Anbetung von Aton, sondern Kultivierung der persönlichen Aton-Erfahrung (Pfeil I). Es gab dort keine Priester, sondern Meister, die den Aufstieg lehrten, den uralten Weg spiritueller Eingebung

[121] Siehe Jahn Assmann, S. 29.

und Heilung. Echnaton war vermutlich der Mäzen von praktizierenden erleuchteten *philósophoi* und deren dortigen Adepten und wurde wohl deshalb verehrt. Oder war er gar ein Philosophenkönig, so wie ihn Platon in *Politeia* (472e-502c) beschreibt, der die *philosophía (theología)* vollständig erfasste und lehrte? Das Geschehen in Achet-Aton ähnelt dem von Platons Beschreibung des „Idealstaats" in *Politeia*[122]. Dabei geht es um das, worauf auch die Inschrift in Delphi hinweist, die Pindar (ca. 520-450 v.u.Z.) zitiert: *„Werde, der du bist."*

Sonnenscheibe: Symbol für die höchste erfahrbare Realität

Anstatt Scheibe benutzen andere traditionellen Kulturen Rad oder Kugel (*sphairos)*. In der Dao-Lehre ist es der Taiji-Kreis[123] (Bild 2, oberster leerer Kreis). Er symbolisiert Taiji (Dao). Taiji bedeutet „vor dem Anfang und nach dem Ende". Der Rand der Scheibe ist ebenfalls „ohne Anfang und Ende". Dies gilt auch für Achet (Horizont), angesprochen in Achet-Aton, der Stadt, die Echnaton gründete. Auch Jesus verweist wohl auf den Rand der Scheibe (ohne Anfang und Ende) als Symbol der Erleuchtung mit (Off 22,13): *„Ich bin das Alpha und das Omega, der Erste und der Letzte, der Anfang und das Ende."* Auch das hebräische *ēyn sōf* (En Sof' = Ein Sof = Eyn Sof = Ain Soph = „es hat kein Ende") bezieht sich auf „vor dem Anfang und nach dem Ende". ‚En Sof' nimmt Bezug zum Kreis und

[122] Er wollte in Sizilien den „Staat" gründen. Er scheiterte und fand sich am Sklavenmarkt in Syrakus zum Verkauf wieder.

[123] Der Kreis besitzt im Vergleich zum Kreuz keine Dualität. Er erscheint noch im keltischen Kreuz.

das, was er symbolisiert.[124] Ain (Eyn) verweist auf Äon und dies auf *eón* (SEIN). Es ist ein Äquivalent für das EINE *(hèn)* und somit für *logós*, den Philon von Alexandria mit „sonnengleichem Glanz“ gleichsetzt.

Platon war, so wie Philon, die Sonne (Sonnenscheibe) als Symbol für *lógos* (*eón, hèn, ēyn sōf,* Aton) vertraut. Sie ist in seinem *Sonnengleichnis* angesprochen, wo es um den Aufstieg der *psyché* geht: [125] *„Wenn sie (psyché) darauf ihren Blick heftet, was das ewig wahre und wesenhafte SEIN* (*eón*) *BESCHEINT, so vernimmt und erkennt sie es gründlich [...]; richtet sie ihn aber auf das [...] ‚Reich des Werdens und Vergehens* (Diesseits = Nicht-SEIN = *mè eón)‘, [...], indem sie sich ewig im niederen Kreise der Meinungen auf und ab bewegt, [...] gleicht* (sie) *einem vernunftlosen* (*lógos*-losen) *Geschöpf.“* Hinter „Blick heften“ und „richten“ steckt keine willentliche Intention, sondern das Gegenteil. „Werden und Vergehen“ und „Auf und ab“ betonen die Dualität des Diesseits = Vieles *(pánta).* Es ist die Welt der Meinung (des Glaubens), die aus dem EINEN *(hèn)* = SEIN (*eón*) = Aton emaniert, so wie es die Sonnenstrahlen (Bild 3) darstellen. Es ist bemerkenswert, dass das, was ich über Echnaton und Aton berichte, als *Sonnen-*

---

[124] Ain Soph. In: Anthrowiki. https://anthrowiki.at/Ain_Soph (abgerufen am 31.03.2021)
Wir lesen dort: Das göttliche Licht zog sich nach dem Zimzum (hebr. צמצום), dem Prozess der Zusammenziehung und Selbstbeschränkung Gottes, zurück und gab einen kreisförmigen (hebr.עִגּוּל igul „Kreis“; Plural: עִגּוּלִים igulim) Leerraum (hebr.חלל chalal „Raum“) frei, in dem sich die Schöpfung entfalten und gestalten konnte.

[125] Platon: *Der Staat.* Auszug: Das Sonnengleichnis: www.xcosx.de/unterricht/Platons%20Sonnengleichnis.pdf (abgerufen am 31.03.2021)

gesang in *104. Psalm* Eingang in die Bibel fand. Es gibt weiter Indizien dafür, wie ich noch zeige, dass *logós, eón, hèn, ēyn sōf* und Aton identisch sind.

Ähnliche Orte wie Achet-Aton?

Ein ähnlicher Ort ist Sogmatar mit seinem Tempel der Sieben Planeten in der Nähe von Harran (Osttürkei), worüber ich in Teil II ausführlich schreibe. Dazu zählt auch „das Land der Propheten[126]" in Seistan (Iran, Afghanistan), einer Region, die Alexander der Große auf seinem Feldzug aufsuchte. Es gibt Interpreten[127], die vermeinen darin das Ursprungsland des Zoroastrismus, Buddhismus und Judaismus (Teil II) zu erkennen. Sind diese Religionen dort etwa aus *creatio ex nihilo* entstanden?

Über das Ende traditioneller Kulturen

Achet-Aton wurde – so wie andere spirituelle Zentren, z.B. der Apollon Tempel in Delphi – von Religionsfanatikern zerstört. Dies gilt auch für Gundeshapur (Iran) und seine Bibliothek und ebenso die von Alexandria. Ihre Zerstörung dokumentiert die Abwendung von persönlicher Erfahrung der schöpferischen Natur und ihrer heilenden Wirkung durch Üben zur Anpassung an kulturelle-gesellschaftliche Bedürfnisse, an die es zu glauben gilt. Dies bestätigt auch das Verbot von Kaiser Justinian (482-565) der letzten olympischen Spiele in Antiocha (heute. Antakya im Südos-

[126] Prophet geht auf *prophétes* zurück mit der der Bedeutung: „Ausleger und Verkündiger der Orakelsprüche".

[127] Ranajit Pal; *The Dawn of Religions in Afghanistan- Seistan-Gandhara and the Personal Seals of Gotama Buddha and Zoroaster.* Mithras Reader Vol. III Web of Wyred Press. BECS Ltd.

ten der Türkei), wo es auch noch darum ging, sich selbst und nicht andere zu besiegen. Auch die uralte *epistéme* der *philosophía (theología)* wurde auf diese Weise abgeschafft. Dadurch konnte sich die *empeiría* inklusive Philosophie (Theologie, Wissenschaft) etablieren und entwickeln.

Die *empeiría* kann jedoch nicht den Ursprung der Mythen inklusive *Genesis* im S-Prinzip erklären, so wie ich diese in Teil II – mit Verweis auf den Auf- und Abstieg – enthülle. Sie nützt auch nicht, um Passagen aus dem *Ägyptischen Totenbuch* auszulegen, was in Teil II mit Hilfe der LDDW geschieht, die das S-Prinzip hervorbringt. Ich setze sie dort ein, um weitere Äußerungen, die Echnaton zugewiesen werden, damit zu erklären, um so meine Interpretation von ihm als Mäzen einer unreligiösen Tradition zu untermauern. Ich hoffe, dass Leser*innen den Nutzen der LDDW dafür erkennen, da sie sich als ein einzigartiges „Werkzeug“ für die „spirituelle Archäologie“ erweist, die ich zur Auslegung von Texten des Altertums anbiete. Diese bestätigen, dass es viele Weise gab, denen es um die tiefgründige Erfahrung der Schöpfung und somit um wesentlich mehr als *dóxa* (Glauben, Meinen, Für-wahr-halten) ging.

16. Die zwei Autorengruppen der *Genesis*

Was die *Genesis* in ihrer noch unverzerrten Urversion, die ich in Teil II mehr als in Teil I enthülle, berichtet, ist für die Entstehung des christlichen und jüdischen Glaubens und der Lehre Jesu sehr aufschlussreich. Die Urversion verweist auf das S-Prinzip, dessen Bedeutung meines Wissens bisher im Westen noch nicht wiederentdeckt wurde.

Karen Armstrong schreibt:[128] *„Die Genesis bietet wenige in sich konsistente Lehren an."* Dem widerspreche ich, denn die *Genesis* geht auf eine „in sich konsistente Lehre" zurück, wenn man deren noch unverzerrte Metaphern erkennt. Armstrong unterscheidet zwischen zwei Autorengruppen des *Buch Moses,* worüber es unter *Genesis*-Auslegern mehr oder weniger Konsens gibt. Sie nennt[129] die ältere Gruppe J (von JHWH) und jüngere P (von priesterlich). Sie schreibt[130]: *„Religiöse Menschen sprechen oft vom Glauben, so als ginge es um die Aufrechterhaltung alter Traditionen. Sie behaupten, dies gäbe ihnen Sicherheit und befreie sie von Zweifeln. Aber die Genesis zeigt, dass der Glaube mit einem radikalen Bruch mit der Vergangenheit begann."* Sie charakterisiert den Wechsel (Bruch) von J zu P: *„P teilte nicht die ganzheitliche Sicht seiner heidnischen Zeitgenossen. Sein Elohim* (Gott) *ist von der Welt und Menschheit getrennt."* Wie ich zeige, verbirgt sich hinter J die erfahrbare (heidnische) LDDW, die durch *invention of tradition* zur Glaubenslehre verzerrt wurde.

---

[128] S.117 in Karen Armstrong; *In the Beginning.* Ballantine 1996.
[129] S. 9-21 Ebda.
[130] S. 56 Ebda.

Urversion der Genesis: Ein einzigartiger universeller Kulturschatz

Die Auslegung der *Genesis* erfordert es zwischen J und P zu unterscheiden und aus J die J-Urversion (UJ-Version) zu rekonstruieren, die dem S-Prinzip genügt. Zu P gehört (Gen 3,21): *„Und der Gott (JHWH) machte Adam und seiner Frau Röcke von Fellen und zog sie ihnen an."* Ebenso (Gen 15ff): *„Wenn du aber nicht gehorchen wirst der Stimme des Herrn, deines Gottes, dass du hältst und tust alle seine Gebote und Rechte, die ich dir heute gebiete, so werden alle Flüche über dich kommen und dich treffen."* Diese und ähnliche P-Zitate gehören nicht zur „uralten Kunst der heidnischen Meister", die ich in der UJ-Lehre (= *philosophía/ theología*) erkenne und woraus ich Schritt für Schritt (Teil II) ihre J-Version und somit die ursprüngliche *Genesis* enthülle.

Zu J zählt Gen (1,1): *„Am Anfang schuf Gott die Himmel und die Erde."* Ebenso Gen (1,27): *„Und Gott schuf den Menschen zu seinem Bilde, zum Bilde Gottes schuf er ihn; und schuf sie als Mann und Frau."* Ebenso:[131] *„Der Vater [...] ist zweifach ‚aus sich selbst heraus' und in die menschliche Wüste* (A) *hinabgestiegen"*. Dahinter verbirgt sich der Akt (Pfeil II): Eins erzeugt Zwei (siehe Bild 2 und 3), der sich im Aufstieg in umgekehrter Richtung offenbart. Die drei letzten Zitate sind mit der LDDW und somit dem S-Prinzip im Einklang. Daraus ist die UJ-Version zu rekonstruieren, die mit der im Aufstieg erfahrbaren *kosmo-*

[131] „Menschliche Wüste" ist in *Römer* und *1.Korinther* eine Metapher für das dualistische Diesseits, auch „Himmel und Erde" genannt, worauf „zweifach" hinweist.

gonia (kosmología) der *philosophía* übereinstimmt. Dies erkennt man daran, dass deren Vokabular auch in der *Septuaginta* (LXX), der griechischen Übersetzung des AT, erscheint.

Der Wandel von UJ zu J erfolgte im „radikalen Bruch" als ihr P, was ich ignoriere, hinzugefügt wurde. Indem ich UJ aus J enthülle bestätige ich, dass UJ in J verzerrt wurde. UJ offenbart, im Gegensatz zu J, dass Adam und Eva keine Personen[132], also männlich und weiblich[133] keine Genderattribute, sondern Metaphern sind, die im Auf- und Abstieg der *psyché* miteinander „kämpfen". Wer meine Entschleierung des AEM (Teil II) – im Einklang mit Philon und Suhrawardi – nachvollzieht, wird erkennen: Es geht bei UJ darum, was seit Jahrtausenden Meister weltweit mit dem S-Prinzip vielerorts erfahren und übereinstimmend über den Akt (Pfeil II) artikuliert haben. Er ist ein einzigartiges universelles Kulturgut, das es verdient wieder entschleiert zu werden so weit dies mit Worten möglich ist. Dabei ist mir klar, dass es einige Leser*innen irrtieren mag, was ich enthülle. Henrik Ibsen: *„Nehmen Sie einem Durchschnittsmenschen die Lebenslüge, und Sie nehmen ihm zu gleicher Zeit das Glück."*

---

[132] Der *Adam-Eva-Mythos* ist der zweite Schöpfungsmythos im *1. Buch der Torah.* Der Koran bezieht seine Version (u.a. Suren 2, 7, 20 usw.) aus sog. „apokryphen" Texten, die weder im *Alten* noch *Neuen Testament* erscheinen.

[133] Ich zeige später: Christliche Autoren nennen, was Suhrawardi *tierisch* nennt, *weiblich,* und was er *geistig* nennt, *männlich.* Es sind die zwei Facetten der dreigeteilten *psyché,* deren Interaktion im Aufstieg (Pfeil I) erfahren wird. Was ich andeute und schrittweise im Buch erkläre, ist wesentlich tiefgründiger als was Sigmund Freud mit Es, Ich und Über-Ich und C.G. Jung mit *animus* und *anima* meinen.

17. Kulturelle Entwicklung = spiritueller Rückschritt

Meine Extraktion der *philosophía (theología)* aus der Philosophie (Theologie) deutet an, dass die kulturelle Evolution (Pfeil II) im Westen und Mittleren Osten mit der Abwendung vom erfahrbaren *lógos* und Hinwendung zum glaubenden *mythos* einhergeht, der vielen von uns – so wie 1+1= 2 – als wahr[134] erscheint. Damit ging das im Aufstieg erworbene umfangreiche WISSEN (*epistéme)* der *philosophía* verloren, das sich noch im AT, NT und anderen Schriften verbirgt. Ich zähle Jesus zu den praktizierenden *philósophoi,* der es noch lehrte. Ihm war also, so wie allen Meistern, der Auf- und Abstieg vertraut.

Entstehung des frühen Christentums

Nachdem die Lehre Jesu nach seinem Tod – durch Unkenntnis seiner Metaphern – uminterpretiert wurde, haben frühe gläubige Christen die *philósophoi,* die noch wussten, was er lehrte, zu Häretikern erklärt. Der Grund war, dass diese – aus ihrer Sicht – eine falsche (ketzerische) Vorstellung von seiner Lehre hatten. Ich gehe auf die Verfolgung und Ausrottung der Meister der *philosophía* durch sie im 5.-6. Jh. noch ein (Teil II)[135]. Dann zeigt sich recht klar, dass aus der *philosophía (theología)* durch *invention of*

[134] Zur Erinnerung: Wahr ist das, was ohne Hypothesen „aus sich selbst" erfahren wird. Alles andere will geglaubt werden.

[135] Nixey, C; *Heiliger Zorn. Wie die frühen Christen die Antike zerstören.* Deutsche Verlags-Anstalt; 2019. Peter Körte schreibt in seiner Rezension *(Frankfurter Allgemeine Sonntagszeitung): „In einer Welt, in der religiöse Fundamentalismen verschiedener Provenienz sich längst wieder ausgebreitet haben, ist die Lektüre von Catherine Nixeys Buch unbedingt hilfreich."*

tradition die christliche Theologie entstand. Dies erfolgte, so wie auch im Fall der Philosophie, durch Umdeutung der Metaphern. Jesus ist daher kein Religionsstifter, sondern wurde nach seinem Tod – so wie Laozi, Zarathustra, Mani, Buddha (Siddhartha Gautama) und andere – von gläubigen Anhängern dazu gemacht. Damit werte ich den Glauben und deren Anhänger, von denen ich viele bewundere, nicht ab. Wer es mir unterstellt, verkennt die Tiefgründigkeit der Worte Jesu (Mat 7.1): *„Richtet nicht, damit ihr nicht gerichtet werdet!“* Sie sind stimmig mit folgenden, die den Aufstieg empfehlen (Joh 8,32): *„Und ihr werdet die Wahrheit erkennen, und die Wahrheit wird euch frei machen.“* Jesus spricht damit die Wahrheit (*aletheía)* an, die in dieser Welt (A) nicht zu finden ist, weil dort Menschen durch ihre *aphrosýne* eingeschränkt sind. Es ist sein und das Anliegen aller Meister, sie im Aufstieg – gemeinsam mit der *hýbris* – zu überwinden. Ich erinnere daran, was ich berichtet habe über: *Werdet wie die Kinder!* Kind ist eine Metapher, die nicht wortwörtlich zu nehmen ist.

18. Höchstes Erkenntnisprinzip: Wuwei = *philía* = mahabba =*ahabah* = Akarma

Ich hoffe, bereits genügend Hinweise geliefert zu haben, um folgende zwei Fabeln vom Daoisten Zhuangzi (ca.365-290 v.u.Z.) über die hypothesenfreien Voraussetzungen für den Aufstieg zu würdigen[136]: (1): *Das Baby schaut sich den ganzen Tag Dinge an, ohne zu zwinkern. Das liegt daran, dass seine Augen nicht auf ein bestimmtes Objekt gerichtet sind. Sein Blick geht, ohne zu wissen, wohin er geht, und hört auf, ohne zu wissen, was er tut. Er verschmilzt mit der Umgebung und fließt mit ihr dahin. Dies sind die Grundsätze der geistigen Hygiene."* (2) *„Du musst dich nur im Nicht-Tun* (Wuwei) *ruhen und die Dinge werden sich verwandeln. [...] vergiss, dass du eine unter vielen Existenzen bist, und du kannst dich in großer Einheit mit dem Tiefen und Grenzenlosen verbinden."*

Im Zitat ist Wuwei angesprochen, das für Daoisten das höchste Prinzip ist. Es ist unter allen möglichen, womit Menschen seit eh und je die Welt erkunden und beschreiben, das EINZIGE, das „KEIN Prinzip" ist. Der Grund dafür ist, dass es – abgesehen von der Empfehlung, sich locker und entspannt hinzustellen, damit innig zur Ruhe zu kommen und abzuschalten (Bild 1) – auf keinem Konzept (Anweisung, Methode, Hypothese, Prämisse, Ritual usw.) basiert. Was könnte wahrer sein? Wahrheit will ohne Konzept erÜBT werden, wobei die Yang-Liugen (*sophrosýne)* zu- und Yin-Liugen (*aphrosýne)* abnehmen

---

[136] Zhuangzi Quotes: www.goodreads.com/author/quotes/149093.Zhuangzi (abgerufen am 01.10.2020)

Realisierung des Aufstiegs mit dem schöpferischen Prinzip

Im Aufstieg interagieren folgende Gegensatzpaare, die ich alle als identisch erkannte: (Wuwei-Youwei) = (*philía-neíkos*) = (mahabba-ghalaba) = *(ahabah-galah)* = (Akarma-Karma). Um zu wissen, um was es dabei geht, wiederhole ich, was sich hinter (Wuwei-Youwei) verbirgt.

(1) Wuwei (無爲): „Erfahre absichtslos im Aufstieg (Pfeil I) durch eigenes Nichtwirken das ‚spontane Wirken (Wei) aus dem Nichts oder Unbekannten (Wu)'." Wuwei wird in weltabgewandter Stille (Bild 1) aktiviert und durch regelmäßiges Üben intensiviert.

(2) Youwei (有爲): „Wirke (Wei) absichtsvoll (willentlich) auf der Basis des bereits Bekannten (You = Diesseits)." Da Youwei dem Wuwei entgegenwirkt, gelingt der Aufstieg (Pfeil I) nur, wenn Youwei durch Wuwei zunehmend „besiegt" wird.

Fangfu: „*Es ist leichter andere als sich selbst zu besiegen.*" Dafür muss sich der Übende auf die Klugheit seines Leibes (*SÓMA)* gänzlich verlassen. Platon betont seine wichtige Rolle, um damit im Aufstieg (Gesetze V, 727a ff) im „Nicht-tun zu ruhen": *„Nicht die psyché hat sóma zu dienen* (so wie im Fall von *psyché = sóma;* Zuwendung zum Diesseits mit AD), *sondern SÓMA* (Leib) *hat der psyché* (im Üben) *zu dienen* (damit diese von A zu D aufsteigt und sich dabei AD zum PD entwickelt); *nur dann ist die Beziehung zwischen beiden gesund und steigert die wahre menschliche Eigenschaft, die Tugend (arété).*" *„Nicht die psyché hat sóma zu dienen"* betont die Einschränkung des weltzugewandten G-Prinzips und der damit erworbenen *empeiría*. „*SÓMA* (Leib) *hat der psyché zu dienen"* hebt die Bedeutung des Leibs (Bild 1) für den Einsatz des S-Prinzips und der damit erworbenen *epistéme* hervor. Ihr Erwerb (Pfeil I) steigert nicht nur die kognitive, sondern auch therapeutische Kompetenz[137] der Übenden.

Sie ist das, worüber Jesus berichtet (Joh 7,16): *„Ich habe mein WISSEN […] von Gott (lógos, theós), der mich gesandt hat.“* Das WISSEN resultiert aus der Aktivierung von *pneúma* im Aufstieg (Pfeil I) mithilfe von *philía*. Jesus spricht dies an mit (2 Kor 3,17): *„Wo das pneúma – des Herrn (theós, logós, eón) – ist, da ist Freiheit.“* Dazu ist es erfordert, sich in lockerer Stehposition (Bild 1) innig dem Leib *(SÓMA)* anzuvertrauen. Damit befreit sich die *psyché* von internen störenden Dialogen, kann sich für jenseitig Neues öffnen und damit Außergewöhnliches erfahren. Fangfu: *„Freiheit liegt im Nichtwollen* (Wuwei).“

Der Körper (Leib) ist das Grab der Seele

Wenn der Leib *(SÓMA)*, so wie angedeutet, unverzichtbar für den Aufstieg (Pfeil I) ist, dann ist offenbar etwas falsch mit der Übersetzung von *Gorgias* (363): *„Der Körper (sóma = Leib) ist das Grab der Seele.“* Sie ist in der Tat „Dichtkunst“ einer tiefgründigen Äußerung von Platon, denn er empfiehlt damit, sich – bedingt durch *aphrosýne* – den diesseitigen Dingen, *psyché = sóma= séma* (Grab), nicht exzessiv hinzuwenden: *medèn ágan* (Tue nichts im Übermaß). Es behindert nicht nur *gnothi seautón* (Erkenne dich selbst), damit lassen sich auch die Metaphern der *philosophía, Hikmat al Ishraq* und der äquivalenten Lehren nicht erkennen.

[137] Damit meine ich Selbstheilung und Heilung anderer.

19. Buddha lehrte das höchste schöpferische Prinzip

Kehren wir zurück zu Buddha, der das S-Prinzip einsetzte. Er war ein Meister von Fojia, woraus Fojiao, die buddhistische Religion hervorging. Fangfu, der mit Fojia sehr vertraut ist, erzählte uns Schülern: *„Buddha versuchte Zuhörern das Wuwei-Prinzip zu erklären*[138]*. Diese konnten nicht verstehen, was er darüber berichtete und wollten ihm nicht weiter zuhören. Sie verließen seinen Vortrag aus Protest.“* Buddha hatte jedoch so wie alle Meister, auch eine Fangemeinde. Seine letzten Worte an sie sind: [139] *„Wohlan denn, ihr Mönche, lasst euch gesagt sein: Schwinden muss* jede (diesseitige) *Erscheinung, unermüdlich mögt ihr da kämpfen* (gegen euch selbst).“

Eine andere bekannte Geschichte über ihn erzählt, wie er – kurze Zeit vor seinem Ableben – eine Lotosblume schweigend in der Hand vor den versammelten Schülern dreht. Diese sind ratlos, weil sie nicht wissen, was er ihnen damit vermitteln will. Dies gilt nicht für Mahakashyapa, der lächelt und die hohe Qualität seiner durch Üben erworbenen „inneren Wesensschau“ damit ausdrückt. Buddha erklärt daraufhin, dass seine Weisheit und sein Geist auf Mahakashyapa nun übergegangen sind. Dieser war der einzige Schüler unter allen, der – dank seines erfolgreichen Kampfs gegen sich Selbst – verstand, was Buddha ausdrückt mit: *„Ich habe 49 Jahre lang Sutren und Dharma*[140] *erläutert. Eigentlich habe ich gar kein Wort verloren.“*

---

[138] Es ist nicht nur das höchste daoistische Prinzip, sondern auch des philosophischen Buddhismus (Chan).

[139] Dígha Nikáya (DN 16.6.2), Mahápariníbbána Sutta.

[140] Dharma ist das Äquivalent für Dao, *logós* usw.

Hier geht es um nichts anderes als was auch Fangfu betont mit: „*Das Dao worüber man sprechen kann ist nicht das wahre Dao.*“ Er empfiehlt daher (ich wiederhole): „*Üben, üben, üben! Es ist leichter andere als sich selbst zu besiegen!*“

Chan-Buddhismus und Wuwei-Prinzip

Ähnliches wie Buddha widerfuhr Bodidharma (ca. 440-528), dem ersten Patriarchen des chinesischen Chan-Buddhismus[141], als er – aus den Westen kommend – im Shaolin-Tempel (im Songshan-Gebirge in China) buddhistische Mönche in das S-Prinzip einweisen wollte. Er erhoffte sich, ihnen Buddhas Lehrinhalte von Fojia damit zugänglich zu machen. Doch diese wollten seine „seltsame“ Auslegung der Sutren nicht akzeptieren, ebenso nicht den Weg, sie durch Üben zu bestätigen. Üben? Nein, Danke! Beten? Ja, bitte! So zog sich Bodidharma in eine Höhle zurück und führte dort einige Schüler auf Buddhas Weg (Dharma). Diese sorgten dafür, dass sich danach der Chan-Buddhismus in einer unterbrochenen Genealogie[142] in China etablierte.

Chan und Dao-Lehre unterscheiden sich nicht in Bezug auf die höchstmögliche Erfahrung. Es ist lediglich die Praxis, um Chan (Dao = Taiji) zu erfahren. Fangfu: „Dadurch,

[141] Siehe DWW (Band I und II).

[142] Fangfu betrachtet sich in der Nachfolge von Laozi. Alle traditionellen Schulen, die das Wuwei-Prinzip einsetzen, fußen ihm zufolge auf einer ununterbrochenen Stammlinie. Kommt diese zum Ende, so wie im Fall der *philosophia* und Hikmat al Ishraq, geht auch das Erfahrungswissen verloren. Es wird dann spekulativ mit AD ausgelegt und dadurch verdreht.

dass die Dao-Tradition in China bei der Ankunft von Bodidharma schon hoch entwickelt war, konnte Chan dort gut Fuß fassen. Beide Traditionen haben sich gegenseitig inspiriert und befruchtet." Von China breitete sich Chan dann nach Japan aus, wo es sich als Zen etablierte. Zen-Meister Kodo Sawaki (1880-1965) klingt authentisch:[143] „*Buddhaweg bedeutet: Nichts zu suchen, NICHTS (Wu) zu finden. Wenn es etwas zu finden gibt, dann hat das nichts mit dem Buddhadharma zu tun, so sehr du dich auch bei deiner Übung anstrengen magst. Wo es NICHTS zu finden gibt, genau da ist der Buddhadharma. Wonach du greifst, das wirst du verlieren.*"

[143] Kodo Sawaki: www.sasserlone.de/zitat/2624/kodo.sawaki/ (abgerufen am 08.04.2021)

20. Zwei komplementäre Erkenntnisprinzipien

Es gibt nur ein Prinzip unter vielen, womit die Welt erkundet wird, das KEIN Prinzip ist. Es ist das S-Prinzip. Alle anderen sind im G-Prinzip zusammengefasst. Insofern kann man von nur zwei Prinzipien sprechen. Das S-Prinzip bringt die einzigartige *epistéme* hervor, alle anderen die vielfältige *empeiría*. Dies drückt Platon damit aus, dass er (*philía-neíkos)* zwei Wahrnehmungsweisen (*sophrosýne-aphrosýne),* Denkweisen (*noeín-dianoeín*) und Wissensweisen (*epistéme-empeiría)* zuweist (Phaedrus, 237d)[144]: „*Eins* (das auf dem G-Prinzip beruht) *ist unser angeborenes Verlangen nach Vergnügen* (Streben, Wollen) *und das andere unsere* (im Üben mittels S-Prinzip) *erworbene Urteilsfähigkeit, das Beste* (aus sich selbst heraus) *zu erreichen. Indem wir der* (durch Üben) *erworbenen Urteilsfähigkeit Folge leisten, ist unser Geist (pneúma)*[145] *im richtigen Zustand. Wenn wir jedoch dem Verlangen nach* (alltäglichem) *Vergnügen* (Wollen, Handeln, Streben, Lust, Gier) *nachgehen, sind wir ohne lógos* (im Zustand der *hýbris*).“

---

[144] Meine Übersetzung: *We are all ruled, he says, by two principles: one is our inborn desire for pleasure, and the other is our acquired judgment that pursues what is best* (237d). *Following your judgment is „being in your right mind", while following desire towards pleasure without reason is „outrage"* (hybris). Vgl. https://en.wikipedia.org/wiki/Phaedrus_(dialogue) (abgerufen am 08.04.2021)

[145] *Pneúma* ist zum ersten Mal bei Anaximenes (6. Jh. v.u.Z.) belegt. Dort findet sich eine Analogie, die *pneúma* als Lebensprinzip ausweist und den *kósmos* als belebt vorstellt: *„Ebenso wie unsere Seele, welche Luft ist, uns mit ihrer Kraft zusammenhält, so umfasst auch den ganzen kósmos Wind* [oder Atem, *pneúma*] *und Luft."*
Vgl. https://de.wikipedia.org/wiki/Geist (abgerufen am 08.04.2021)

Seine Worte sind stimmig damit, was Meister im Aufstieg der *psyché* von *sóma* zu *pneúma* – im Einklang mit dem *lógos* – erfahren.

Zwei Erkenntnisprinzipien implizieren zwei Erkenntniswege

Parmenides unterscheidet in *Über die Natur* (*perì phýseo*) zwischen dem Weg zur *aletheía* (Wahrheit) und Weg der *dóxa* (Glauben, Meinen). Der erste bezieht sich auf den Aufstieg (Pfeil I) und führt zur *epistéme,* der zweite ist dem Diesseits (A) zugewandt und liefert die *empeiría*[146]. Der erste genügt dem S-Prinzip, was seinen kompetenten Äußerungen über die LDDW zu entnehmen ist. Der zweite fußt auf dem G-Prinzip. Beide Prinzipien haben ihre Berechtigung, sofern nicht das eine oder andere ausschließlich eingesetzt wird.

Empedokles: Weg der Meinung und Weg zur Wahrheit

Empedokles erklärt so kompetent wie kein anderer die Interaktion zwischen *philía* und *neíkos.* Er unterscheidet (Frag. 1 in *Über die Natur*)[147], so wie Parmenides, zwischen dem Weg zur Wahrheit *(aletheía)* und Weg der Mei-

---

[146] Über den Unterschied zwischen *epistéme* und *empeiría,* so wie auch über ihre renommierten Repräsentanten Platon und Aristoteles, wird, mangels Kenntnis der beiden Prinzipien, viel Wirres berichtet. Vgl. Christoph Horn; *Platons epistêmê-doxa-Unterscheidung und die Ideentheorie* (Buch V 474b-480a und Buch X 595c-597e). https://www.degruyter.com/document/doi/10.1524/9783050050263.291/pdf

[147] S. 173 in Herman Diels; *Die Fragmente der Vorsokratiker, griechisch und deutsch,* Band 1, 2te Auflage, Weidmannsche Buchhandlung, Berlin 1906.

nung *(dóxa)*: *„Pausanias, Sohn des klugen Anchitos, höre! Denn engbezirkt sind die [Sinnes]werkzeuge, die über die Glieder* [der Menschen] *gebreitet sind. Viel Armseliges dringt auf sie ein, das ihr Nachdenken abstumpft* (ESP- oder Qi-Eingebungen verhindert)[148]. *Kaum haben sie einen kleinen Teil des eigenen Lebens überschaut, so fliegen sie davon ‚vom raschen Geschick wie Rauch in die Höhe' entführt. So glaubt jeder nur an das, worauf er gerade bei seinen mannigfachen Irrfahrten gestoßen ist, und doch rühmt sich jeder, das Ganze gefunden zu haben."* Damit betont er die Einschränkung des Sehens (*aphrosýne).*

Er berichtet dann in der Fortsetzung des Zitats vom Weg zur Wahrheit (Pfeil I) durch Erweiterung der Sinne (*sophrosýne)*: *„Du wenigstens sollst es aber doch, da Du nun einmal abseits [von der Straße] hierhergekommen bist* (zum Üben), *erfahren, freilich nicht mehr, als sich menschliche Einsicht* (von A zu D) *zu erheben vermag*". Seine Worte sind stimmig mit (Theaitetos 176ab): *„Angleichung an theós so weit wie möglich"*. Alles was das S-Prinzip auf dem Weg der Wahrheit (Pfeil II) hervorbringt ist stimmig. Dies gilt aber nicht für den Weg der Meinung *(dóxa),* der auf dem G-Prinzip basiert. Was es hervorbringt erscheint

---

[148] "Abstumpfen der Sinne" impliziert, dass sich – im Laufe der Evolution (Pfeil II) – PD zu AD verwandelte. Heraklit: *„Aber obschon der lógos allen gemein ist, leben die meisten doch so, als ob sie eine eigene Einsicht hätten."* Darauf verweist auch das Gleichnis *Die blinden Männer und der Elefant*. Vgl. https://dewiki.de/Lexikon/Die_blinden_M%C3%A4nner_und_der_Elefant.
Die Blinden untersuchen einen Elefanten (Allegorie für die höchste erfahrbare Realität) und kommen zu unterschiedlichen Einsichten darüber, was er (sie) darstellt.

innerhalb der vorausgesetzten unbeweisbaren Hypothesen vielen von uns stimmig. Dazu zählen z.B. die Axiome in der Mathematik und die Gebote im AT, an die es zu glauben gilt. Dabei geht es um *aphrosýne* auf der Basis von: *psyché* = *sóma.* Es fußt auf Sehen (mit Yin-Liugen) – Oberbegriff für Sehen, Hören, Riechen, Schmecken, Fühlen inklusive des sie koordinierenden Bewusstseins. Sehen ist gegenüber SEHEN (mit Yang-Liugen) mittels *sophrosýne* eingeschränkt.

Von *aphrosýne* (Sehen mit AD) zu *sophrosýne* (SEHEN mit PD)

Sehen erfasst die Welt als getrennte Vielfalt (10.000 Dinge), SEHEN führt diese – im Aufstieg der *psyché* von *sóma* zu *pneúma* – in das EINE zusammen. SEHEN ist, was nicht oft genug betont werden kann, wahr im Sinne der Meister, weil es konzeptfrei „aus sich heraus“ erlangt wird. Wie wir wissen wird Vieles, was auf dem Weg der Meinung *(dóxa)* gesehen wird, ebenfalls als wahr bezeichnet und sogar verherrlicht.

Biblische Umdeutung von *dóxa*

Platon wusste, dass man mit *dóxa* (Meinen, Glauben, Für-wahr-halten) und Versprechungen mehr Aufmerksamkeit an sich ziehen kann, als wenn man auf die ihr übergeordnete *aletheía* hinweist, die nicht leicht zu erwerben ist (Pfeil I). Er kritisiert (Phaidros 261a) aufs Schärfste Rhetoriker, die ihre Meinung (*dóxa)* als Wahrheit kundtun. Dies betrifft auch die Auslegung von *dóxa* im AT, worüber wir lesen:[149] *„Bei der Übersetzung des hebräischen Ausgangstextes in die griechische Sprache* (LXX) *wurde hauptsächlich der Begriff dóxa als Äquivalent zu kabod herangezogen – ein folgenschwerer Entschluss insofern, als damit auch der Begriff dóxa in spezifischer Weise umgeprägt wurde."*

Um was geht es? *Kabod* bedeutet Gewicht, Schwere und „was (mit rhetorischem Geschick) Eindruck macht". *Dóxa = kabod* führte dazu, *dóxa* mit „Herrlichkeit" zu übersetzten und *dóxa* aufzuwerten. Indem *dóxa* – warum wohl? – verherrlicht wurde, wurde Unteres in Oberes verkehrt. *Dóxa (= kabod)* ist nicht das einzige Wort der *philosophía (theología)*, das in der LXX und andern biblischen Texten in griechischer Sprache umgedeutet wurde. Ich liefere weitere und frage, ob Jesus dies gebilligt hätte? Er lehrte die *philosophía.* Suhrawardi lehrte sie noch 1.100 Jahre nach Jesus.

Jesus lehrte das SEHEN

Ich werde über den Unterschied zwischen Sehen und SEHEN noch einiges berichten, um die Antwort zu finden: „Auf welchen von beiden Wegen, dem mittels Sehen oder SEHEN, verweist Jesus, der so oft von Wahrheit (*aletheía)* spricht, z.B. mit (Joh 14,6): *„Ich bin der Weg und die Wahrheit und das Leben; niemand kommt zum Vater denn durch mich?"* Und mit (3. Joh 1,4): *„Ich habe keine größere Freude als die, zu hören, dass meine Kinder in der Wahrheit wandeln."* Er empfiehlt SEHEN (Kol 3,2):

[149] Nicole Chibici Revneanu: *Herrlichkeit.* Juni 2010. www.bibelwissenschaft.de/stichwort/46891/ (abgerufen am 08.04.2021)

„*Richtet eure Gedanken auf Gottes himmlische Welt und nicht auf das, was diese irdische ausmacht.*“ Dies gelingt nicht durch willentliches „Ausrichten der Gedanken“, was man dem Zitat entnehmen mag. Damit könnten seine Schüler niemals bestätigen, was sich verbirgt hinter (Mk 8,36): „*Was nützt es dem Menschen, wenn er die ganze* (diesseitige) *Welt gewinnt, aber Schaden leidet an seiner psyché* (Seele)?“

21. Über die meisterliche Kompetenz von Jesus

Da Bibelforschern das S-Prinzip fremd ist, können sie die damit generierten Metaphern, z.B. die der LDDW, in biblischen Texten nicht entdecken. Ist man jedoch mit ihnen vertraut, so gelingt dies durch Mustererkennung selbst dann, wenn diese – so wie *dóxa* = Herrlichkeit – durch *invention of tradition* „umgedichtet" wurden. Die heißt, ich suche im verzerrten Muster das mir vertraute, das dem S-Prinzip entspringt. Damit erkannte ich auf mich überraschende Weise, dass Äußerungen, die Jesus zugewiesen sind, mit denen der Dao-Lehre, *philosophía (theología)*, Hikmat al Ishraq und anderen stimmig sind.

Suhrawardi über Henoch

Ich habe schon darauf hingewiesen, dass Suhrawardi Henoch (Trismegistos)[150] als Urvater aller (geÜBTEN) *philósophoi* betrachtet, zu denen er sich selber zählt. Daraus könnte man schließen, dass er der Genealogie angehört, die auf Henoch zurückgeht, über den wir in Gen (5,24) lesen: *„Henoch ging mit Gott; und ‚er war NICHTS', denn Gott nahm ihn auf."* Die Bedeutung des NICHTS ist auch angesprochen in (Joh 5,30): *„Ich kann nichts von mir selber tun. [...] Ich suche nicht meinen Willen, sondern des Vaters Willen."* Diese und weitere Äußerungen, die Jesus zugeschrieben sind, lassen sich leicht mit denen die Henoch zugewiesen werden in Übereinstimmung bringen. Damit

[150] Enoch (Henoch, Idris) wird identifiziert mit Hermes Trismegistus und dieser wiederum mit Thoth, dem ägyptischen „Gott der Weisheit". www.jasoncolavito.com/blog/how-did-enoch-come-to-be-identified-with-hermes-trismegistus (abgerufen am 04.04.2021)

deute ich an, dass auch Jesus, so wie Suhrawardi, einer Stammlinie angehört. Zu seiner zählt, wie ich in Teil II zeige, sein Lehrer Johannes (der Täufer). Dazu ist zu sagen, dass laut Fangfu alle Meister, die das S-Prinzip einsetzen, einer Genealogie angehören. Kommt diese zum Ende, so wie es vielerorts der Fall war, wird ihre einzigartige universelle Lehre – mangels Kenntnis ihrer Metaphern – fortan verdreht. Sie wird stets wandelnden kulturellen Bedürfnissen angepasst. Der erfahrbare *lógos* wird so – durch *invention of tradition* – zum *mythos,* an den es zu glauben gilt, was viel einfacher ist als ihn zu erfahren.

Qumran Schriften und *Johanneische* Schule

Es gibt Interpreten der *Qumran Schriften*[151], die darin den Ursprung der Lehre Jesu erkennen wollen. Wir lesen dort (4Q246): *„Sohn Gottes wird er genannt werden, und Sohn des Höchsten*[152] *wird man ihn heißen."* Dies erinnert an (Lukas 1,32-35): *„Der wird groß sein und Sohn des Höchsten genannt werden [...] und er wird Sohn Gottes geheißen werden".* Ich erkläre in Teil II die allegorische Bedeutung von Sohn Gottes, von denen es im AT viele gibt.

Die *Qumran Schriften* liefern Hinweise, dass es auch dort um das S-Prinzip und die LDDW geht. Dies zeigt der Hinweis über „Henochs Reise in den Himmel (Pfeil I)", worü-

[151]Außer den Schriftrollen gibt es viele Fragmente. Die meisten Texte sind in hebräischer Sprache, einige aber auch in Aramäisch oder Griechisch verfasst.

[152] Meister, die das Große Dao (Dadao) vollständig (D) erfahren haben werden Großmeister genannt.

ber es einen ähnliche Textbefund[153] im AT gibt. Auch die Johanneische Schule[154], die Margaret Barker[155] umfangreich studierte, liefert Aussagen, die dem S-Prinzip zuzuschreiben sind. Dies gilt ebenso für solche im *Johannesevangelium*[156], die mit der Dao-Lehre, *philosophía* und Hikmat al Ishraq bestens korrelieren. Dazu zählen folgende Zitate, die Auf- und Abstieg (Akt, Pfeil II) ansprechen:[157] (1) *„Ich [die sophía] ging aus dem Mund des Höchsten hervor"* (Sir 24,3a). (2) *„Der Herr hat mich [die sophía] geschaffen im Anfang seiner Wege, vor seinen Werken in der Urzeit"* (Spr 8,22.27). (3) *„Durch den lógos des Herrn wurden die Himmel geschaffen* (Pfeil II)*, ihr ganzes Heer durch das pneúma seines Mundes"* (Ps 33,6 [32,6 LXX]).

---

[153] Der Befund besteht im Wesentlichen aus zwei narrativen Passagen: Die kurze Notiz zu Henoch (Gen 5,21-24) und die Entrückung Elijas (2 Kön 2,1-18). Der Abschnitt zu Henoch, dem Siebten in der mit Adam beginnenden Genealogie, hebt sich vom Kontext dadurch ab, dass – anstelle seines Tods – davon die Rede ist, dass Gott ihn „wegnahm" (Gen 5,24, hebr. לקח lqḥ). Vgl. www.bibelwissenschaft.de/wibilex/das-bibellexikon/lexikon/sachwort/anzeigen/details/jenseitsreise-himmelfahrt-hoellenfahrt/ch/74b32f98127f4698d0b621ef843eac5f/

[154] Johanneische Schule: https://de.wikipedia.org/wiki/Johanneische_Schule

[155] Margaret Barker: *Temple Theology.* www.margaretbarker.com/Temple/default.htm
Margaret Barker; *Temple and Timaeus* in *The Great High Priest: The Temple Roots of Christian Liturgy.* T & T Clark International 2003.

[156] Das (sogenannte) *Johannesevangelium* wurde vom Jünger verfasst, den „Jesus liebte": Joh 21,20-24. „Lieben" ist eine Metapher, die nicht wortwörtlich zu nehmen ist. Darauf gehe ich in Teil II ein. http://www.perikopen.de/Lesejahr_A/2Adv_Mt3_1-12_Haefner.pdf

[157] S.4 in Christoph Heil; *Der Λόγος* in der *Septuaginta* (LXX) Vgl. https://static.uni-graz.at/fileadmin/kath-institute/Neues-Testament/joh_ab.pdf. Alle Internetquellen abgerufen am 08.04.2021.

Ich zitiere in Teil II viele damit stimmige Zitate, die meiner Rekonstruktion der Urversion der *Genesis* dienen und diese als einzigartig und universell bestätigen.

Die drei Taufen des Johannes

Was Johannes, den Lehrer Jesu, als authentischen Meister auszeichnet ist, dass er drei „Taufen" anspricht (Mk 1,8): *„Ich habe euch im* (mit) *Wasser getauft, er aber wird euch taufen mit Heiligem Geist und mit Feuer."* Wasser, Feuer und Geist sind Metaphern, die nicht wortwörtlich zu nehmen sind. Es sind Hinweise auf die Qi (*psyché,* nafs, Atman)-Übertragung, die allen authentischen Schulen gemein ist. Leser, die bereit sind sich für Neues (Altes) zu öffnen, werden im Folgenden zunehmend erfahren, was damit gemeint ist.

22. AusÜBEN der *philosophía* mit der Praxis des Sterbens

Angleichung des Übenden an *logós (theós, eón,* Dao, Dharma) nimmt mit Übungsfortschritt (P) zu. Platon nennt, so wie betont, die dafür benutzte Praxis (Bild 1) *meléte thanátou* (Praxis des Sterbens). Er schreibt, ich wiederhole (Phaidon, 64a): *„[...] dass diejenigen, die die philosophía korrekt ausüben, nichts anderes tun als ‚sterben' und ‚tot' zu sein."* In die *meléte thanátou* wird, so wie auch in die *philosophía,* viel hineingedichtet, weil nicht erkannt wird, dass „sterben" und „tot" Metaphern sind, die den Aufstieg (Pfeil I) charakterisieren. Platons *Phaidon* (762)[158] ist zu entnehmen, dass sich der (übende) *philósophos* der Einflüsse von (*psyché* =) *sóma* zu erwehren habe, da sie seiner Erkenntnis der Wahrheit (*aletheía)* im Weg (Pfeil I) stehen. Auch lesen wir dort, dass erst der „Tod (Erleuchtung in D)" seine völlige Lösung von *sóma* bringe!

Kunst aller Künste und Wissen allen Wissens

Platon (Phaidros 81a) nennt die Praxis des Sterbens (*meléte thanátou)* eine 'freudvolle Todesübung' (*phaidros meléte thanátou*). Sie ist der Schlüssel zur *philosophía,* deren AusÜBEN die Kunst aller Künste (*téchne technón)* ist[159].

[158] Vgl.: *„Sondern vielmehr verhält es sich so, wenn sie (psyché) sich rein losmacht und nichts von dem Leibe (sóma) mit sich zieht, [...] sie recht philosophierte und darauf dachte, leicht zu sterben; oder hieß dies nicht auf den Tod bedacht sein?"* www.zeno.org/Philosophie/M/Platon/Phaidon (abgerufen am 08.04.2021)

[159] Al-Kindi nennt falsafah, das arabische Äquivalent für *philosophía,* ebenfalls Kunst der Künste (sinä at al-sinä ät).

Sie führt zum Wissen allen Wissens (*epistéme epistemón)*[160], dem WISSEN (*epistéme)* über *(e)ón* (SEIN)[161]. Es ist einzigartig, weil es dem „hypothesen- und glaubensbasierten Wissen (*empeiría)*" diametral gegenübersteht. Sein erfolgreicher Erwerb erfordert nicht nur Üben, sondern – so wie weltliches Wissen auch – Fleiß, Motivation, Talent und Begabung. Fangfu zufolge ist dies der Weg zum Dao (*lógos = eón = theós).* Übung macht den Meister.

Das habe ich auch schon von einem weisen Manne gehört

Vorsicht ist – in der Auslegung der *philosophía* und damit äquivalenten Lehren – geboten, wenn dort von „sterben", „Leben verlieren", „tot" und „Tod" berichtet wird. Dies sind oft Metaphern, die den Aufstieg hin zur Erleuchtung artikulieren. Doch nicht nur, zumal Platon „tot" auch als Metapher benutzt, um die Anhaftung am Diesseits – *psyché = sóma = séma* – zu beschreiben (Gorgias, 363): *„Das habe ich auch schon von einem weisen Manne gehört, dass wir jetzt* (in Platons Höhle) *tot seien und sóma unser Grab (séma) sei".* Was ich hier anspreche, betrifft auch Jesus, da auch er in Gleichnissen spricht, die nicht wortwörtlich zu nehmen sind.

Da er seine Schüler in den Aufstieg einweist, stellt sich die Frage: „Sind ‚Sterben' und ‚Leben verlieren' auch bei ihm Allegorien für die sich im Aufstieg (Pfeil I) wandelnde *psyché*, womit die Wahrheit (*aletheía)* über den *lógos* zu-

---

[160] Man bemerke die Endung *„ón",* die auf *eón* verweist.

[161] Über *téchne technón* und *epistéme epistemón* wird viel Seltsames, sowohl Religiöses als auch Unreligiöses, berichtet, wovon ich mich distanziere.

nehmend erfahren wird?“ Ich beantworte die Frage nicht, was Leser*innen für sich tun können, spätestens nachdem sie das Buch zu Ende gelesen und bis dahin noch mehrere Zitate wie folgende zwei in Betracht gezogen haben. (1) (Phil 1, 21): *„Denn Christus ist mein Leben, und Sterben ist mein Gewinn.“* (2) (Mat 16, 25): *„Denn wer sein Leben erhalten will, der wird es verlieren; wer aber sein Leben verliert um meinetwillen, der wird es finden.“*

Nahe dran, doch nicht nah genug

In meinem Studium der *philosophía* und ihrer Interpretationen durch Mustererkennung freute es mich, wenn auch andere Interpreten die von mir als wichtig erkannten Metaphern in ihrer Auslegung hervorheben, auch wenn sie diese, nicht so wie ich, mit Üben verbinden und anders auslegen, z.B.:[162] „Am Ausgangspunkt der Antike sind im Wesentlichen sechs Begriffe überliefert. (1) *Gnosis tou onton he onta esti* (Erkenntnis der seienden Dinge, sofern es Seiende sind). (2) *Gnosis theion te kai anthropinon pragmaton* (Erkenntnis der göttlichen und menschlichen Dinge). (3) *Melete thanatou* (Bekümmerung um den Tod). (4) *Homoios theo kata to dynaton antropo* (Verähnlichung mit Gott), soweit dies dem Menschen möglich ist. (5) *Techne technon kai episteme epistemon* (Kunst der Künste und Wissenschaft der Wissenschaft). (6) *Philía sophias* (Liebe zur Weisheit).

Ich erinnere daran, dass alles, was die Praxis an neuen Eingebungen „aus sich heraus“ hervorbringt, stimmig ist.

---

[162] S. Fink; *Sein, Wahrheit, Welt: Vor-Fragen zum Problem des Phänomen-Begriffs,* Springer 2012.

Dies ist bei den Originalen (1) bis (6) der Fall, nicht aber bei ihren Übersetzungen, weil diese, im Gegensatz zum Original, keinen Bezug zur Übung nehmen. Ich revidiere nun die drei Übersetzungen (1), (3) und (5), um deren Stimmigkeit mit allen sechs hervorzuheben. (1) Bei den seienden Dingen geht es um das im Aufstieg erfahrbare *SEIN* (*eón = lógos*). (3) „Bekümmerung um den Tod" ist eine schlechte Übersetzung, denn sie hat nichts damit zu tun, was Platon meint. (5) *philía sophias* ist nicht „Liebe zur Weisheit". Ich überlasse es Leser*innen, die drei anderen Übersetzungen zu revidieren und in Einklang damit zu bringen, was die *philosophía* ursprünglich ihren Originalen zuweist, so wie ich diese bereits teilweise erklärt habe und weiterhin werde.

„Sterben" bevor man stirbt

Die iranische tasawwuf (Mystik?) [163] betont: *„Stirb bevor du stirbst."* Das erste „Stirb" bezieht sich auf die Erleuchtung, das zweite auf den leiblichen Tod. Erleuchtete sterben also zweimal. Auch Heraklit nimmt darauf Bezug[164]: *„Nicht-Sterbende sind sterblich, Sterbende sind unsterblich"*. Seine Botschaft ist: „Die im Aufstieg ‚sterben', sind unsterblich, alle anderen sind sterblich." Dazu ist zu sagen, dass Erleuchtete – in der von mir zitierten Literatur – oft unsterblich genannt werden. Der Grund ist, weil sie sich mit dem unvergänglichen EINEN (*hèn = lógos= eón)* ver-

[163] Fanā: https://de.wikipedia.org/wiki/Fan%C4%81%27 (aufgerufen am 14.04.2021). *Fanā'* bedeutet „sterben, bevor man stirbt". Es steht für „Auslöschung des niederen Egos" und „Rückkehr zum EINEN" durch „Sterben (Üben)".

[164] DK 22 B 62: ἀθάνατοι θνητοί, θνητοὶ ἀθάνατοι.

schmolzen und ihr Ego damit aufgelöst haben. Dies drückt auch Jesus aus mit (Joh 10, 30): *„Ich und der Vater sind Eins."* Was ich anspreche heißt nicht, dass Erleuchteten kein „zweiter (leiblicher) Tod" widerfährt. Die *Offenbarung des Johannes* spricht ihn an. Wir lesen (Offb 2,11), dass er „treuen Menschen" und „Überwindern" nichts anhaben wird. Ich zitierte in Teil II Sokrates und Calanus (398-323 v.u.Z.), die den „ersten Tod" erfahren haben und sich zuversichtlich über ihren kurz bevorstehenden „zweiten" äußern. Der Aufstieg scheint sich also zu lohnen, ihn zu bewältigen ist aber nicht leicht. Alles was ich berichte, ist denen zu verdanken, die es schafften, nicht zuletzt deshalb, weil sie sich gänzlich auf ihren Leib (SÓMA) verließen.

Der Mensch hat zwei Bewegungssysteme

Denkt man an leibliche Übungen, so assoziiert man sie meist mit formvollen und willentlich durchgeführten und (bewusst) kontrollierten Bewegungen. Die Dao-Praxis (des Sterbens) basiert auf dem S-Prinzip, womit alles „aus sich heraus" kommt. Dies bedeutet, dass dem Leib gänzlich die Kontrolle übergeben wird, was nicht heißt, dass Übende dabei die Kontrolle über sich verlieren. Sie sind im Übungszustand (S-Modus) halb ab- und halb anwesend. So beobachten sie die leibliche und innere spontane Selbstbewegung *(autokinésis)*, die „aus sich heraus" kommt. Der Mensch besitzt also zwei Bewegungssysteme. Das erste ist das uns vertraute, das zweite das wiedererweckbare selbstbewegte (eigenbewegte), wobei es nicht nur um leibliche, sondern auch innere Qi-Bewegungen (Visionen) geht, die durch Nicht-Tun zustande kommen. Darüber berichtet auch

Platon (Timaios 29e-37c). In seinem Spätwerk *Nomoi* (896d-899) betonte er, dass die Eigenbewegung der Weltseele ihr Hauptmerkmal und die Ursache aller Bewegung in der Natur sei. Man schaue sich doch nur um. Erfolgt nicht alles schöpferische Geschehen – z.B. Intuition (Inspiration, Eingebung) – in der Natur selbstbewegt? Kein Wunder, dass „Gott" für Platon der „selbstbewegende Beweger" ist.[165] Es gilt das folgende Ursache-Wirkungs- oder Kausalitätsprinzip: *„Aus der Ruhe* (Stille, Weltabgewandtheit, Nicht-Tun) *kommt Bewegung."* Wie anders, als sich der Selbstbewegung *(autokinésis)* – in rigoroser Ruhe (Bild 1) – innig hinzugeben, kann man mit der schöpferischen Natur in Harmonie *(harmonia)* gelangen? Sie ist anfänglich formlos. Daraus ergeben sich früher oder später – stets selbstbewegt – formvolle symmetrische Bewegungen. Diese bewirken nicht nur eine Läuterung *(katharsis)* der *psyché,* sie fördern auch die Tugend *(aréte)*[166] (Phaidon 108e–114c; vgl. Phaidon 80d–81a, Rep. 2.363c). All dies geht, ich wiederhole, mit zunehmender Erfahrung *(páthema)* des *lógos* einher. Es erklärt Platon Leibesfreundlichkeit und die aller anderen Meister, denen mangels Kenntnis ihrer Metaphern oft das Gegenteil unterstellt wird.

[165] Vgl. https://www.amazon.com/Platons-Unbewegte-Aristoteles-Naturphilosophie-Theologie/dp/3640833066

[166] Im Mittel- und Neuplatonismus kommt – in Übereinstimmung mit Platon – die *psyché* im Wandel von *sóma* zu *peuma* (Pfeil I) zur „wahren Tugend". Sie entspricht De (德) im *Daodejing,* also nicht „Tugend(haftigkeit)" im vertrauten Sinn.

Leib: Tor aller Tore

Suhrawardi betont[167] die fundamentale Bedeutung des Leibs dadurch, dass er Buddha (Budhasaf) zitiert, für den der Leib das „Tor aller Tore“ (bab al abwab) ist. Derjenige, der durch bab al abwab schreitet indem er übt, erfährt ihm zufolge: *„eine sanfte Brise, die auf ihn weht, so dass die Augen Gottes ihn erfassen und er aufflammt, Feuer anzieht und er brennt.“* Auch Krishna benutzt mehrmals „Tor“ im übereinstimmenden Sinn. Er betont in Vers 32 der *Bhagavad Gita,* dass sich Arjuna freuen sollte, die „Tore des Himmels zu öffnen“. Dabei geht es darum, Brahman, das „Licht der Lichter“, wahrzunehmen, das „jenseits von allem Dunklen thront“.[168] Suhrawardi betont auch[169], dass Hermes und Platon über ihre persönliche Erfahrung des „göttlichen Lichtes“ berichten, das die *psyché* (nafs) SIEHT, wenn sie die „Dunkelheit des Körpers *(sóma)“* verlässt (Pfeil I) und den „Zustand des Tods (in D)“ erfährt. Wir lesen[170]: *„Alle Gelehrten Persiens stimmen darüber ein, dass jede Art der Himmel, Sterne, einfachen und zusammengesetzten ‚Elemente[171]‘ einen ‚Herrn‘ in der ‚Welt des Lichtes‘ besitzen.“*

---

[167] S. 76 in *The Wisdom of the Mystic East.*

[168] Kap. 3 der Bhagavad Gita.

[169] S. 48 in *The Wisdom of the Mystic East.*

[170] S. 46 in M. Horten.

[171] Zu den ‚Elementen‘, die als Synonyme für ‚Lichter‘ benutzt werden, zählen Wasser und Feuer, die Empedokles in seinen „vier Elementen“ anspricht (Teil II). Noch heute verweisen Monatsnamen im iranischen Hijri-Sonnenkalender auf die von Zoroaster erwähnten „Elemente (Lichter, Herrn)“.

Dao-Praxis: Ein seltsames Geschäft

Fangfu betont, dass man erst zum Narren werden muss, um sich auf die Dao-Praxis (Bild 1) einzulassen. Damit stimmt er mit Laozi überein (Kap. 20*): „Ich habe das Herz eines Narren"*. Auch Paulus beschreibt sich und seine Mitstreiter (1. Kor 4,7): *„Wir sind Narren um Christi Willen!"* Die Narretei wird verständlicher, wenn man sie mit „(meditativer) Trunkenheit (Bild 1)" verbindet, worauf ich noch zu sprechen komme.

Ach wie gut, dass niemand weiß, dass ich Rumpelstilzchen heiß

Ich bin froh, durch mein regelmäßiges Üben zunehmend erfahren zu haben, dass es ein natürliches Denken (PD = platonisches Denken = *noeín)* und damit einhergehendes WISSEN *(epistéme)* gibt, das mit der Schöpfung im Einklang ist. Ich bin traurig, dass es meine Kultur schon früh unterdrückte und es somit bis heute verloren ging. Auch irritiert es mich, dass sie insbesondere Urvölkern das glaubensbasierte AD mit missionarischem Eifer aufzwang.

Traditionelle Gesundheitsbewegungen

Üben mit dem S-Prinzip und zu beobachten, was „aus sich heraus" passiert, spricht viele nicht an. Die meisten wollen lieber Bewegungen durchführen, die sie willentlich kontrollieren. Dazu Laozi (Kap. 10): *„Der große Weg ist sehr einfach, aber die Menschen lieben die Umwege."* Er bezieht sich mit „einfach" auf Wuwei, denn was könnte – auf den ersten Blick – einfacher sein als Nicht-Tun (Wuwei)? Er betont mit „Umwege lieben", dass Menschen lieber ihren Leib dirigieren, als sich von ihm bewegen zu lassen. Dies ist jedoch erforderlich, um traditionelle Gesundheitsbewegungen zu realisieren und damit früher oder später „himmlische ESP-Erfahrungen“ zu sammeln. Auf diese Weise besiegen Übende sich selber.

Laozi (Kap. 33): „*Wer andere besiegt, hat Kraft. Wer sich selber* (im Üben durch Wuwei) *besiegt* (weil er die Fähigkeit entwickelt, sich innig dem „Nichts hinzugeben“), *ist stark*“. Zhuangzi[172]: „*Die vor dem Himmel gemein sind, sind groß vor Menschen; die vor Menschen groß sind, sind klein vor dem Himmel.*“ Ähnlich klingt (Mat 23,12): „*Wer sich selbst erhöht, wird erniedrigt, und wer sich selbst erniedrigt, wird erhöht werden*“. Ich erinnere daran, was ich über „Tanz und Gesang in überirdischen Sphären“ berichtet habe. Dabei geht es darum, sich selber zu besiegen und dabei Überirdisches mit den Yang-Liugen zu erfahren.

Pindar über die alten Olympischen Spiele

Pindar wird die Inschrift in Delphi zugewiesen: „*Werde, der du bist.*“ Das Thema seiner gedankentief und bedeutungsschwer aufgeladenen Dichtungen, in denen er *philía* mit *aletheía* in Beziehung setzt[173], sind die Siege und Sieger der Wettkämpfe im alten Griechenland. Dabei ging es noch – man höre und staune – um was gänzlich anderes als wir mit Siegen verbinden. Dies erkennt man daran, dass er in der *1. Olympische Ode* (28f) über die Erfahrung des *lógos* berichtet: „*Freilich, viel Wunderbares gibt es, doch in*

---

172 Dschuang Dsi; *Das wahre Buch vom südlichen Blütenland.*

173 Arum Park; *Gender, Genre, and Truth in Pindar*: Three Case Studies. *CHS Research Bulletin 1*, no. 2 (2013). http://nrs.harvard.edu/urn-3:hlnc.essay:ParkA.Gender_Genre_and_Truth_in_Pindar.

dem, was die Menschen reden, lassen sie sich wohl auch über die Wahrheit des lógos (tón alathé lógon) hinaus von Märchen, die mit bunten Lügen verziert sind, täuschen." Dies und „Werde wer du bist" impliziert, dass er den Aufstieg anspricht. Wer ihm erfolgreich folgt besiegt sich selber, und nicht – so wie in den heutigen Olympischen Spielen üblich – andere. Pindar drückt die fundamentale Rolle, die *philía* dabei spielt, aus:[174] „*Die Stille* (der innere Frieden), *der philía aktiviert, stellt einen Triumpf über Unordnung, Streben und hýbris dar.*" Es geht also auch bei ihm um die Überwindung der einseitigen Anhaftung am Diesseits.

Insofern könnte die Stille-Übung (Bild 1), die Fangfu zufolge im alten China als Vorstufe zur Kampfkunst (Kungfu) eingesetzt wurde, zu den ursprünglichen olympischen Spielen gehören, die sich in Antiochia bis ins 6. Jh. erhalten haben, bevor sie Kaiser Justinian, der die Hagia Sophia erbaute, verbot. Sein Verbot geht mit Schließung der Athener *akademeía* in 532 einher, in der die *philosophía (theología)* noch ausgeÜBT wurde. Damit sorgte er für die Auslöschung der Erfahrung des *lógos*. *Sophía* war für ihn heilig *(hagia)* und sollte es auch für alle anderen sein. Damit steht er im Gegensatz zu Platons *Phaidon* (79d1-7)[175]: „*Wenn sich die psyché im Aufstieg selbst erkundet, dann gelangt sie in das ‚Reich des Reinen', das immer existiert,*

[174] Meine Auslegung von: The "peace [that] loves the *symposium*", represents a triumph over disorder, strife, and hubris (violence)." S. 13 in Elizabeth S. Belfiore; *Tragic Pleasures: Aristotle on Plot and Emotion*, Princeton University Press 2014.

[175] S. 42 in Jörn Müller; *Platon: Phaidon,* Walter de Gryter 2011.

unsterblich und unwandelbar ist, und [...] die damit erworbene Erfahrung heißt Weisheit (sophía).“

Der Mensch: Das Maß aller Dinge?

Der *Homo-mensura*-Satz[176], der auf Protagoras (490-ca.411v.u.Z.) zurückgeht, spricht die Ausweitung (Pfeil I) der Wahrnehmung (*sophrosýne)* – von sinnlichem Sehen zum übersinnlichen SEHEN – an (Theaitetos 152a)[177]: *„Der Mensch ist das Maß aller Dinge, der Seienden (eón), dass sie sind, der Nichtseienden (mè eón), dass sie nicht sind.“* Der Satz besagt, dass sich im Aufstieg (Pfeil I) die ESP-Wahrnehmung *(páthema)* des Seienden (SEIN = *eón* = *theós* = *lógos*) erweitert und sinnliche Einschränkung (*aphrosýne)* im Diesseits (*mè eón* = Nicht-SEIN) somit überwunden wird. Insofern ist der Mensch nicht das Maß aller (diesseitigen) Dinge, auch wenn viele meinen, dass sie es sind.

Jingjie-Wechsel

Platon berichtet im *Zweiten Brief* (314b-c) über die Erfahrung (Pfeil I) seiner langjährigen Schüler *(mathetés),* die sich ihr SEHEN erÜBT haben: *„Veteranen (philósophoi) mit nicht weniger als 30 Jahren Übungserfahrung sagen, dass das, was ihnen* (als Anfänger) *zuerst am allerunglaubwürdigsten erschien, nun am klarsten und akzeptabelsten ist und das, was glaubwürdig erschien, sich ins Gegenteil verwandelte.“* Die Veteranen haben – in Dao-Terminologie – Bereich (Jing) und Grenze (Jie) ihres an-

---

[176] Ich liefere eine umfassende Erklärung des Zitats in DWW II.

[177] Übersetzung von: *„pánton chremáton métron ánthropon eínai, ton men ónton hos ésti, ton de me ónton hos ouk éstin.“*

fänglich einschränkten AD (*dianoeín)* weit hinter sich gelassen, indem sie ihr verschüttetes PD (*noeín)* wiederbelebten (Pfeil I). Damit vollzogen sie einen signifikanten Jingjie-Wechsel (Paradigmenwechsel in der Wahrnehmung der Welt inklusive des Selbst). Sie haben ihre Weisheit *(sophía)* durch ihre *Lógos*-Erfahrung *(páthema)* gefördert. In Joh (1,1-18) werden *lógos* und *sophía* gleichgesetzt[178]. Auch bei Philon liegen beide eng beieinander, was nicht überrascht, denn zunehmende *lógos*-Erfahrung (Pfeil I) fördert *sophía*.

[178] Beide sind unterschiedlich und tragen im *Johannesevangelium* zur Verwirrung bei.

23. *Philosophía* = Mahabbah al-hikma

Mahabbah al-hikma, worauf Suhrawardi hinweist, betont den innigen Zusammenhang zwischen mahabba und hikma. Es ist das arabische Äquivalent für *philosophía* = mit *philía* (mahabbah) zu *sophía* (hikma). Ash-Shahristani (gest. 548) nennt die Person (faylasuf = *philósophos*), die mahabbah al-hikma ausÜBT, muhibb al-hikma. Suhrawardi nennt die dafür nötige Praxis amaliyya und Theorie qawliyyah[179]. Die Dao-Äquivalente sind Daoxing (Dao-Praxis) und Daoli (Dao-Theorie). Ich hoffe, dass meine Leser*innen schon ein gewisses Verständnis für die Stimmigkeit beider Lehren mit ihrer Praxis und Theorie entwickelt haben und im Folgenden zunehmend vertiefen. Dazu ist zu sagen. Ich hätte ohne meine regelmäßige Dao-Praxis und die daraus folgende Dao-Theorie[180] die Metaphern der *philosophía* durch Mustererkennung nicht erfassen können. Ich hätte sie dann in Suhrawardis Hikmat al Ishraq nicht gesucht, sie dort nicht als übereinstimmend mit ihr erkannt und zur Suche der weiteren zitierten Lehren inklusive der Lehre Jesu einsetzen und sie alle als damit stimmig erkennen können. Ich hätte Jesus nicht als erleuchteten *philósophos* akzeptiert, was ich Schritt für Schritt belegen werde.

Suhrawardi schreibt in *Einführung in Pfade und Gespräche*[181], dass die Welt oberhalb D (Bild 2) selbst Erleuchte-

[179] ash-Shahristani, Abu'l-Fath Muhammad. *Kitab al-Milal wa'n-Nihal.* Ed. Muhammad Sayyid Kilani. Matba'a Mustah al-Babi al-Halabi, Cairo, 1967.

[180] Die Metapher *theoría,* Ursprung von Theorie, wird übersetzt mit „philosophischer Kontemplation“. Dies drückt überhaupt nicht aus, was AusÜBEN der *philosophía* (falsafah) ist.

[181] S. 25 in *Kitāb al-mašāri' wa'l-muṭāraḥāt.*

ten unzugänglich ist: *„Der Ausgangspunkt der philosophía* (mahabbah al-hikma = falsafah al ula) *ist das Verlassen der* (diesseitigen und Aufdecken der jenseitigen) *Welt, ihr zentraler Kern ist die Vision* (ESP-Wahrnehmung) *von al-anwar al-ilahiyya* (himmlische Lichter[182]) *und ihr Ende hat keine Grenzen.*" Damit ist er im Einklang mit Fangfu, der das Jenseits (die innere Welt von A bis D) mit Jiuxi (neun analytische Prinzipien) charakterisiert, von denen sechs geheim gehalten werden (Teil II). Jiuxi können, Fangfu zufolge, keine neuen Einsichten hinzugefügt werden. Das Jenseits ist ihm zufolge – im Gegensatz zu wirren Vorstellungen darüber – von Dao-Meistern bereits vollständig erkundet. Was jenseits (oberhalb) von D (Bild 2) existiert, ist nicht erkundbar. Das Diesseits (A) wird hingegen nie vollständig erkannt werden.

Interaktion zwischen Wuwei (*philía*, mahabba) und Youwei (*neíkos*, qahr)

Ich liefere nun weitere Details zur Erforschung des Jenseits. Der Praktizierende (Bild 1) „schreitet" von P (Bild 2) nur dann nach oben (Pfeil I), wenn Youwei *(neíkos,* qahr) durch Wuwei (*philía,* mahabba) besiegt wird. Er erkennt seinen Fortschritt (P) anhand seiner sich intensivierenden Qi (*psyché,* nafs)-Wahrnehmung. Da er sich viel darüber einbilden mag, konsultiert er seinen Lehrer, der ihm seine Erfahrung als echt oder unecht bestätigt. Erlangt er, was nur Wenigen gelingt, die Erleuchtung (D), offenbart sich

www.wikizero.com/de/Schihab_ad-Din_Yahya_Suhrawardi (aufgerufen am 14.04.2021)

[182] Das Dao-Äquivalent ist Qi oder Qi-Felder, das altgriechische ist *daimones.*

ihm das (höchste) WUWEI und LICHT, das Buddhisten Nirvana nennen. Damit hat er alles erfahren, was den Schöpfungsakt (Pfeil II) beschreibt.

Was ich hier anspreche, ist im Einklang mit Suhrawardi (S. 39)[183]: *„Jedes höhere Licht* (oberhalb P in Bild 2) *besitzt eine Übermacht* (Dominanz, *qahr*) *über das niedere. Da jedes niedere Licht* (unterhalb P) *zum höheren mahabba* (Liebe) *empfindet, ist das Weltall* (der *kósmos* zwischen A und D) *nach dem ‚Prinzip von mahabba* (Dao-Lehre: Wuwei = S-Prinzip)' *geordnet. Diesem steht das Prinzip von qahr* (Dao-Lehre: Youwei = G-Prinzip) *des Niederen zum Höheren* (mittels Wuwei) *gegenüber. Die vielen Welten* (Himmel oder Sphären, die er von A zu D antrifft), *die durch die verschiedenen Beziehungen und Erleuchtungen der Geister* (Qi) *entstehen, bilden daher ein einziges Weltall (kósmos), da sie alle durch eine* (psychokosmische) *Ordnung* (Bild 2) *zusammengehalten werden."* Seine Worte, in denen er das S- und G-Prinzip anspricht, sind stimmig mit [184]: *„Es ist mahabbah (philía) des Lichts, die die Kraft des* (willenlosen) *Sehnens erzeugt, und es ist qahr* (*neíkos* = Beherrschen, Streben, Wollen), *die sie daran hindert."* Was er ausdrückt, verweist klar auf die LDDW (Sanjiexue) und ist im AEM und auch anderen Mythen angesprochen. Ebenso in (Joh 12.25-26), jedoch leider wie so oft sehr verzerrt übersetzt: *„Wer seine psyché liebhat*

---

[183] Max Horten; *Die Philosophie der Erleuchtung nach Suhrawardi.*

[184] Suhrawardi, Opera, Vol. II, pp.204-09. Übersetzung von: *„It is the love (mahabbah) of the light which creates the power of desire as it is its domination (qahr) which brings about anger."* www.al-islam.org/history-muslim-philosophy-volume-1-book-3/chapter-19-shihab-al-din-suhrawardi-maqtul (aufgerufen am 14.04.2021)

vernichtet sie, wer sie in dieser Welt hasst, der wird sie zum ewigen Leben bewahren." Ich habe mich über *(philía-neíkos)* = (Liebe, Hass), das dem polarisierenden AD geschuldet ist, schon geäußert. „Lieb-haben" verweist auf *philía* und „hassen" auf *neíkos.* Hinter „vernichten der *psyché*" verbirgt sich der Ratschlag, sich vom diesseitigen Streben *(neíkos)* zu befreien, um so – mit Hilfe Jesu – den Aufstieg (Pfeil I) der *psyché* so weit wie möglich zu vollziehen.

Was das Fortschreiten (Pfeil I) behindert, drückt Suhrawardi, so wie Platon und das NT, mit „Fleisch" – im Sinne von *psyché* = *sóma* = *séma* = *sarx* – aus. Er umschreibt „Fleisch" auch mit „materieller Geschmack[185]". Er hat angeblich 40 Tage „asketische Enthaltsamkeit vom Fleisch" geübt. Dazu ist zu betonen, dass meiner Schule Askese und Mystik fremd sind. Der Große Weg (Aufstieg, Weg aus Platons Höhle) ist hypothesenfrei (glaubensfrei) und hat damit nichts zu tun, obwohl ihm genügend ungeübte Interpreten beides andichten.

---

[185] Hazrat Shihabuddin Yahya al-Suhrawardi: *Die Gestalt des Lichts*, Edition Shershir 1013.
Wir lesen auf S. 27: Mit diesen Spirituellen Anstrengungen kann der Mensch auf das Niveau der Auslöschung angehoben werden, wo er den materiellen Geschmack der Welt, das Fleisch, das weltliche Wissen verlässt und alle Beziehungen mit dem Äußeren abschneidet. Dann wird die Seele ein Spiegel, in dem sich Gottes Licht widerspiegelt, und dann sieht die Seele die Bilder des Lichts.

Suhrawardi: Christus lehrte die Wiedergeburt in einer höheren Welt

Suhrawardi nennt[186] den Aufstieg almabda' wal ma'ad (S. 1), übersetzt mit „Das erste Prinzip und Rückkehr", aber auch „Rückkehr zu Allah (Gott)." Sein erstes Prinzip ist, was ich als S-Prinzip bezeichne. Die Rückkehr (ma'ad) erfolgt für ihn auf dem dreistufigen Weg der „Veredelung von nafs *(psyché)"*. Max Horten, sein beeindruckender ungeübter Übersetzer, erkennt (S. 59) darin den „Weg der Seelenwanderung". Er zitiert Suhrawardi, dem zufolge die *philósophoi* Ägyptens, Persiens, Indiens, Babylons und Chinas darüber berichten. Darüber habe ich schon und werde noch mehr Information lieferen. Suhrawardis Welt-offen- und Aufgeschlossenheit zeigt sich auch darin, dass er sein Erfahrungswissen als universell (und nicht kultur-spezifisch) betrachtet, was er bestätigt mit (S. 59): *„Buddha lehrte das Aufsteigen der psyché* (nafs) *zu Gott."* Er schreibt auch (S. 46): *„Christus* (Schaich Isa bin Maryam) *lehrte die Wiedergeburt in einer höheren Welt."* Auch seine lobenden Worte für Henoch (Trismegistos), Zoroaster und Mani (lateinisch Manes oder Manichaeus) bestätigen seine kompetente Einschätzung ihres universellen WISSENS. Es entspricht seinem ‚al-ilm al-huduri'[187] (Wissen durch Präsenz = visionäres Wissen = *epistéme*), unzureichend übersetzt mit „intuitivem Wissen".

Was er schreibt – auch wenn es sehr gut formuliert ist – kann ursprünglich nicht von ihm stammen, sondern wurde

---

[186] Horten, Max. *Die Philosophie der Erleuchtung nach Suhrawardi.*

[187] Auch genannt: al-'ilm al-huduri al-ishraqi und al-'ilm al-huduri al-shuhudi. Es sind die Äquivalente für *epistéme epistemón.*

in einer langen Genealogie tradiert. Sein Äquivalent für *empeiría* ist al ilm al husuli (konzeptionelles Wissen). Er nennt es auch „peripatetisches[188] Wissen", wovon er anfangs angetan war, bevor er sich ilm al-huduri zuwandte und begann, darüber zu berichten. Es ist für ihn „echtes Wissen", da es den Zugang zur „objektiven Realität" ermöglicht[189]. Er zitiert, ich wiederhole, Zoroaster (Zarathustra) mit (S. 45): „*Die Welt zerfällt in zwei Teile, eine paradiesische, die Welt der Lichter und des Geistes, und eine dunkle* (finstere), *die der Körper.*" Sein Verweis auf die dreigeteilte nafs (*psyché)* zeigt, dass er nicht nur die drei Welten kennt, sondern sich auch der besonderen Rolle der Misch- oder Zwischenwelt, dem EINEN bewusst ist. Es ist die Mischung aus dem höchsten nafs (*pneúma)* und tierischen nafs (*sóma).* Er nennt sie alam al-mithal, aber auch ‚shahristan-i jan (Stadt der *psyché)"* In ihr „residieren" keine gewöhnlichen Menschen, die „in der Dunkelheit (A = Platons Höhle) schlafen (fi'l-nahar 'ala'l-ẓulumāt niyam)", indem sie die Worte der Meister wortwörtlich nehmen. Nein, sie ziehen es vor, im „Licht" durch die Nacht (Pfeil I) zu reisen (yasri bi'l) (Pfeil I)[190].

---

188 Peripatetiker waren die Anhänger von Aristoteles.

189 S.66 Roy Jackson, *What is Islamic Philosophy?* Taylor and Francis Ltd. 2014.

190 Auch das AT berichtet auf vielfältige und verwirrende Weise über Licht und Dunkelheit, denen die hier vorgestellte Interpretation teilweise zu entnehmen ist. Es ist unangemessen von einem Dualismus zwischen Licht und Dunkel zu sprechen, stehen doch beide in einer dialektischen Interaktion. In der *Kriegsrolle* in den *Qumran-Schriften* kämpfen die Söhne der Dunkelheit gegen die Söhne des Lichts. www.bibelwissenschaft.de/stichwort/24979/

***Poiesis* = *theoría* = Praxiserfahrung**

Wir lesen (*Symposion* 205 b): *„Was nur für irgendetwas Ursache wird, aus dem Nicht-SEIN* (*mè eón* = Diesseits) *in das SEIN* (*eón* = *lógos*) *zu treten* (Pfeil I), *ist insgesamt poiesis.*“ Pythagoras (570-510 v.u.Z.) benutzt *theoría* statt *poiesis.* Übersetzungen sind: Beobachten, Wahrnehmen, Anschauen und Kontemplation. Diese lassen nicht erahnen, dass *poiesis* (*theoría)* auf die vom Übungsfortschritt (P) abhängige ESP-Wahrnehmung verweist. Damit wird die höchste Erfahrungsebene (D) des *kósmos* (Bild 2) – *psyché* = *pneúma* – erreicht. Dorthin gelangte Pythagoras, sodass er seinen Schülern den Weg dorthin zugänglich machen konnte (Teil II). Ihm wird angedichtet, er hätte sich mit Geometrie und Arithmetik beschäftigt. Auch wird behauptet, er hätte den „Satz des Pythagoras“ entdeckt, was längst widerlegt ist. *Geometría* und *arithmetiké,* die bei ihm den Auf- und Abstieg beschreiben (Teil II), haben mit Geometrie und Arithmetik absolut nichts zu tun. Was beiden Lehnworten zugewiesen wird, gehört zur „reinen“ Mathematik, die zur *empeiría* zählt. Ihr steht die konzeptfreie *epistéme* gegenüber, die Platon REIN nennt. Was verdient es „rein (REIN)“ genannt zu werden? Dazu zählt die *mathematiké techné* (μαθηματική τέχνη), die absolut nicht mit Mathematik zu tun hat. Darüber gibt es einiges in Teil II zu berichten, zumal in der *empeiría* das Attribut „rein“ missbraucht wird.

Mischung: *Psyché* = Qi (氣) = nafs

Kehren wir zurück zu (Xing, Qi, Shen) = *(sóma, psyché, pneúma)* = (nafs-i ḥayawānī, nafs i-insāni, nafs i-ruhani)[191]. Dabei handelt es sich um die drei Metamorphosen (Existenzzustände) von Qi (*psyché,* nafs) im Auf- und Abstieg. Was ich bisher noch nicht darüber angesprochen habe ist, dass Qi (*psyché,* nafs) die Mischung von der ersten (unteren) und dritten (oberen) Metamorphose ist. Dies heißt in Bezug auf die *philosophía*, dass *psyché* Mischung von *sóma* und *pneúma* ist. Im Aufstieg nimmt ihr *sóma*-Anteil ab und *pneúma*-Anteil zu. Im Abstieg ist es umgekehrt. Die Mischung wird mit den Yang-Liugen wahrgenommen, wobei es sich um Mischsinne handelt, was gleichermaßen für SEHEN und ESP-Wahrnehmung gilt. Darauf gehe ich in Teil II ausführlich ein, zumal es zur Enthüllung des AEM unverzichtbar, wo: *Sóma* = Eva und *pneúma* = Adam. Meine Auslegung des AEM zeigt, was sich verbirgt hinter:[192] „Der erste Mensch (vor dem Abstieg) ist unkörperlich, weder männlich noch weiblich, der Natur nach unvergänglich und Gottes wahres Ebenbild (Gen 1,26). Erst der nach Gen (2,7) geformte Mensch (im Diesseits) ist ein sinnlich (mit Yin-Liugen) wahrnehmbares und vergängliches Wesen." Das Original dieser Aussage wurde im Aufstieg er-

---

[191] Die Gleichsetzung der drei Triplets mit (Körper, Seele, Geist) ist inkorrekt. Xing wird in der Dao-Lehre mit Form und Gestalt übersetzt.

[192] Pfeiffer, Henrik (2006): *Das wissenschaftliche Bibellexikon im Internet.* Adam und Eva. www.bibelwissenschaft.de/fileadmin/buh_bibelmodul/media/wibi/pdf/Adam_und_Eva__2019-04-09_13_50.pdf (aufgerufen am 14.04.2021)

kannt und ist stimmig mit dem Dao-Schöpfungsakt (Pfeil II), den ich zunehmend präzisiere.

Lebendigkeit und Unsterblichkeit von Qi (psyché, nafs)

Ich habe schon betont, dass sich die Qi (*psyché,* nafs)-Erfahrung im Aufstieg, durch Zunahme von Wuwei (*philía,* mahabba) stufenweise intensiviert. Dies geschieht „aus sich selbst (Fanben = *auta kath'auta)"* als Selbstbewegung *(autokinésis)*. Diese betont Platon in *Gesetze* (*Nomoi)*[193], wo er die *psyché* als „Bewegung, die sich selbst bewegen kann", bezeichnet. Damit spricht er ihre Lebendigkeit an. In *Phaidon* (79d) betont er auch ihre Unsterblichkeit (Immortalität): *„Wenn sie aber durch sich selbst* (im Aufstieg und nicht mit *psyché = sóma) betrachtet, dann geht sie zu dem reinen, immer seienden Unsterblichen und sich stets Gleichen"*. Er ergänzt (1.Tim. 6,15-16), was fast schon biblisch klingt: *„[...] der König aller Könige und Herr aller Herren, der allein Unsterblichkeit hat, der da wohnt in einem Licht, [...]."* Licht verweist hier auf die höchste Qi (*psyché,* nafs)-Erfahrung[194]. Einige Leser mögen erahnen, worauf „König aller Könige" und „Herr aller Herren" hinweisen. Auch Suhrawardi spricht vom „Licht der Lichter" und „absolutem Licht". Es sind Äquivalente für *lógos (theós, eón)*. Auch die Dao-Lehre unterscheidet nicht zwischen leblos und lebendig. Für sie ist, so wie es der Aufstieg bestätigt, alles lebendig. Sie zollt damit

[193] Leg. X 895 e10-896 a2. Vgl. Phdr. 245 c-e.

[194] Die Vorstellung Qi (*psyché,* nafs) sei unser eigen, ist dem trennenden AD geschuldet. Wir kommen aus (Pfeil II) und vergehen in (Pfeil I) die Weltseele.

auch dem augenscheinlich Leblosen ihren Respekt. Die Evolutionstheorie, die auf *aphrosýne* fußt, trifft hingegen die Unterscheidung, wie ich in Teil II zeige, wo ich sie mit der enthüllten *Genesis* vergleiche.

Unheil durch Fehlauslegung der Metaphern

Ich wiederhole und präzisiere: Mit *psyché = sóma* wird die diesseitige formvolle Vielfalt *(pánta)* erkannt. Im Aufstieg (Pfeil I) wird hingegen – durch den Wandel der *psyché* von *sóma* zu *pneúma* – das (gemischte) formlose EINE *(hèn)* – Mischung aus *sóma* (Eva) zu *pneúma* (Adam) – zunehmend erfahren. Dabei verschmelzen nicht nur Adam und Eva, sondern alle diesseitigen Gegensätze (*sóma-pneúma,* Innen-Außen, Oben-Unten, Himmel-Erde, Nichteigen-Eigen, usw.) in das EINE *(hèn)*, das Platon die Weltseele nennt.

Was ich hier andeute, weitere Zitate und meine Enthüllung des AEM in Teil II im Detail noch zeigen, hilft dem Verständnis der Aufforderung am Apollon Tempel: *„Halte die Frau unter Kontrolle."* Sie entspricht (Eph. 5, 22): *„Das Weib sei dem Manne untertan"* Ebenso (1. Mos 1.28): *„Mache dir die Erde untertan!"* Alle drei Aussagen sind, man höre und staune, nicht wortwörtlich zu nehmen, sondern Allegorien, die den Aufstieg empfehlen (Teil II), wobei es in der (gemischten, formlosen) *psyché* zur Abnahme von *sóma* (Eva) und Zunahme von *pneúma* (Adam) kommt. Dabei verwandelt sich auch *Gaia* (Erde) über *Okeanos* in *Uranos* (Himmel). Dadurch, dass obige Zitate – besonders in religiösen Kreisen – oft wortwörtlich genommen wurden, haben sie viel Unheil angerichtet. Es wird damit aber nicht die Unterdrückung der Frau oder

Erde, sondern der Aufstieg durch drei Welten durch ÜBEN mithilfe des Leibs empfohlen.

Das Dao, worüber man sprechen kann, ist nicht das wahre Dao

Die moderne Dao-Lehre weist, wie schon angedeutet, ihren Metaphern kein Geschlecht zu, akzeptiert jedoch, dass Laozi die höchste Erfahrung im Aufstieg mit Mutter der 10.000 Dinge allegorisiert, wobei 10.000 Dinge eine Metapher für das Diesseits *(Gaia)* ist. Auch die ihr äquivalenten Lehren sollten eine identische Konstellation von geschlechtlosen Metaphern für die Erfahrung (Pfeil I) anbieten, zumal das männliche Geschlecht in ihren Aussagen darüber dominiert, was sie patriarchalisch erscheinen lässt. Doch es kommt, ich wiederhole, nicht auf das Geschlecht an, das den Metaphern zugewiesen wird, sondern was dahintersteckt, übersinnlich erfahren wird und ich erkläre, soweit es mit Worten möglich ist. Damit sehe ich mich im Einklang mit *2. Moses* (2,40): *„Du sollst dir kein Bildnis machen, keinerlei Gleichnis, weder des, das oben im Himmel, noch des, das unten auf Erden ist.“* Sie sind stimmig mit: *„Das Dao, worüber man sprechen kann, ist nicht das wahre Dao.“*

Jesus spricht viel über die *psyché*

So wie Daoisten viel über Qi berichten, tut dies Suhrawardi über nafs und Jesus über *psyché,* deren Metamorphosen im Aufstieg erfahren werden. *Psyché* wird im NT übersetzt mit Leben, z.B. in Joh (10.11): *„Ich bin der gute Hirte; der gute Hirte ‚lässt sein Leben‘ für die Schafe.“* Ebenso in (Mk 8.35): *„Wer sein Leben retten will, der wird es verlie-*

ren.” Es heißt, *Jesus selbst gab sein Leben* (Mk 10.45). Die drei letzten Zitate weisen auf den Aufstieg der *psyché* (Pfeil I) und nicht „Leben“, womit sie übersetzt werden. *Psyché* = Leben ignoriert die drei Metamorphosen im Aufstieg der *psyché,* den Jesus als „guter Hirte (Meister)“ seinen „Schafen“ – Schülern *(mathetés)* – zugänglich machte. Nur im Bezug dazu sind seine Worte in sich stimmig und im Einklang mit (Mat 6,20): *„Sammelt euch aber Schätze im Himmel, da sie weder Motten noch Rost fressen und da die Diebe nicht nachgraben noch stehlen.“* Sie alle sprechen die im Aufstieg erfasste Wahrheit (*aletheía)* und Weisheit (*sophía)* an.

Das S-Prinzip impliziert Stimmigkeit

Ich wiederhole, weil es nicht oft genug betont werden kann: Alle Zitate, die den von mir zitierten Meistern inklusive Jesus zugewiesen werden, jedoch mehr oder weniger verzerrt sind, sind in ihrer noch unverzerrten Form stimmig. Dies fordert das S-Prinzip und die damit bewirkte Erleuchtung. Man sollte also nicht an Worten anhaften, sondern stets das gesamte unverzerrte Netzwerk der Metaphern im Blick halten. Ich habe schon für mehrere Metaphern in den Äußerungen, die Jesus zugewiesen sind, gezeigt, wie sie enthüllt werden. Wer *psyché* = Leben und weitere unakzeptable Gleichsetzungen, so wie *dóxa* = Herrlichkeit, nicht infrage stellt, kann nicht herausfinden, was *invention of tradition* bewirkt.

Wage es (besser nicht), weise zu sein!

Suhrawardi wurde hingerichtet. Er verlor aufgrund ähnlicher Vorwürfe wie Sokrates und andere Meister sein Leben. Sein Schüler al-Malik al-Zahir, Sohn von Sultan Saladin (1137-1193), der ihn in Aleppo freundlich aufnahm und sein Schüler wurde, musste ihn – auf Verlangen des Klerus und seines Vaters – hinrichten lassen. Chronisten und Biographen liefern dafür verschiedene Gründe.[195] Ibn Allikan zufolge waren die meisten Leute in Aleppo überzeugt, Suhrawardi sei Atheist, der an „Nichts glaubte". Andere waren wohl eher neidisch, dass er mehr WISSEN über den „Schöpfer" als sie besaß. Al-Amidi, der ihn in Aleppo traf, schreibt:[196] *„Er wusste sehr viel, war aber sehr leichtsinnig!"* Mit seiner Hinrichtung kam die von ihm wiederbelebte uralte iranische Weisheitslehre – und somit auch die *philosophía* – im Mittleren Osten ein für alle Mal zum Ende. Suhrawardis Tradition (Orden) überlebte danach noch einige Zeit in Indien.[197] Er wurde aber dort durch Unkenntnis der Metaphern zunehmend verdreht.

Untergang der *philosophía*

Die *philosophía* kam, so wie schon angedeutet, zuvor offiziell mit Schließen der Athener *akademeía* im Jahr 532 zum Ende. Es war das Jahr, in dem der *Codex Justinianus* den übenden *philósophoi* jegliche Lehrtätigkeit untersagte

---

[195] Siehe S. 202-205 in *The Leaven of the Ancients.*

[196] S. 144 in Reza Pourjavady; *Philosophy in Early Safavid Iran.* Band: 82, Brill 2011.

[197] Aggarwal Mamta: *The Social-Religious Movements in den Indian history.* www.historydiscussion.net/religion/the-socio-religious-movements-in-the-indian-history/716. Wir lesen dort: Dieser Orden wurde von Sheikh Shihabuddin Suhrawardi gegründet, aber der eigentliche Gründer dieses Ordens in Indien war Shaikh Bahauddin Zakariyya, geboren um 1182-83 in Kot Karor bei Multan (Pakistan). (Internetquellen aufgerufen am 14.04.2021)

und von dem an 90 Prozent aller antiken Weisheitstexte vernichtet wurden. Ich erinnere an das Verbot der Olympischen Spiele auf Befehl von Justinian. Ebenso an Catherine Nixey, die in *Heiliger Zorn*[198] umfangreich über die Verfolgung der letzten *philósophoi* durch fanatische Christen berichtet. Einige *philósophoi* wurden durch sie hingerichtet, andere emigrierten in den „noch heidnischen Iran“ aus. Ich zeige in Teil II, dass die *philosophía* in Harran (Osttürkei) bis etwa 875 gelehrt wurde. Dort fand der weit gereiste Historiker und Philosoph Masudi (897-952), der „Herodot der Araber“ am Türklopfer eines Sabischen Hauses (Teil II): *„Plato sagte: Wer sich selbst erkennt, wird göttlich.“*

Das Verschwinden der Meister im Mittleren Osten bewirkte, dass deren Schriften seitdem miss- und uminterpretiert werden. Die *philosophía* verwandelte sich damit – durch *invention of tradition* – zum einen in die Philosophie, zum anderen aber auch nach dem Tode Jesu, in die frühchristliche Glaubenslehre. Diese entwickelte sich und spaltete sich, wie angedeutet, in verschiedene Konfessionen auf, die sich wandelnden kulturellen Bedürfnissen anpassten. Sie alle nehmen letztendlich ihren Ursprung im S-Prinzip, woraus die *philosophía* (*theología)* als das entstand, was es „aus sich selbst“ hervorbrachte.

---

[198] C. Nixey: *Heiliger Zorn. Wie die frühen Christen die Antike zerstören.* Deutsche Verlags-Anstalt 2019.

24. Weg des Lichtes

Alle von mir zitierten Meister (Laozi, Buddha, Hermes Trismegistos, Zoroaster, Pythagoras, Sokrates, Platon, Jesus, Mani, Suhrawardi usw.) folgten dem „Weg (Pfeil I) des Lichtes (Erleuchtungsweg)". Damit vollzogen sie – durch Intensivierung von Wuwei (*philía,* mahabba) und Reduktion von Youwei (*neíkos*, qahr) – ihren Qi (*psyché*, nafs)-Wandel (Lichtwandel). Was dieser ihnen in der Erleuchtung offenbarte, ist wohl der Ursprung von (Mos 1,3): *„Gott sprach: Es werde Licht. Und es wurde Licht."* Warum Qi (Licht) – meine Schule spricht von Qi-Feldern – im *kósmos* existiert, bleibt ein ewiges Geheimnis.

Licht und Dunkelheit

Mehrere Meister sprechen von Licht und Dunkelheit (Finsternis), wobei sich Licht auf das zunehmend erfahrbare Jenseits (Pfeil I) und Dunkelheit (Nacht) auf das Diesseits (A) beziehen. Dies ist zur Auslegung von Jesus in Betracht zu ziehen (Joh 8,12)[199]: *„Ich bin das Licht der Welt. Wer mir nachfolgt, der wird nicht wandeln in der Finsternis, sondern wird das Licht des Lebens haben."*

Unterschiede zwischen *epistéme* und *empeiría*

Es gibt, so wie angedeutet, zwei Wahrnehmungs-, Wissens-, Denk- und Erkenntnisweisen oder kurz: Erkenntnis-

[199] Ich hoffe, Leser*innen stören sich nicht an der Wiederholung von Zitaten. Es gehört mit zu meiner didaktischen Vorgehensweise, sie Schritt für Schritt zunehmend zu beleuchten, um somit das einzigartige Netzwerk von Metaphern, die das S-Prinzip hervorbringt und die daher alle untrennbar zusammenhängen, immer mehr offenzulegen.

modi. Der uns allen vertraute ist der Youwei- oder G-Modus: Wir denken und handeln bewusst (willentlich), um das exoterische (äußere, weltliche) Wissen (*empeiría)*, das geglaubt werden will, damit zu erlangen und danach zu handeln. Sein zunehmender Erwerb erfolgt auf der Basis: „You (Sein oder Diesseits) erzeugt weiteres You.“ Dies impliziert, dass aus bereits mit dem G-Prinzip erworbenem Wissen weiteres hervorgeht. Dies bedeutet, Hypothesen, Annahmen (Prämissen), die sich nicht mehr bewähren, im Trial-Error-Verfahren durch neue zu ersetzen. Viele Zeitgenossen – und so erging es auch mir – können sich nicht vorstellen, dass es zu dieser Vorgehensweise eine gänzlich konträre gibt, der dieses Buch gewidmet ist. Sie basiert auf dem S-Prinzip. Damit offenbart sich, ich wiederhole, im Aufstieg zunehmend das (innere) Taiji-Wissen (Taijixue) „aus sich selbst“, das mit Übungsfortschritt (P) genau so umfangreich wie das exoterische (weltliche, äußere) werden kann. Es wurde seit Jahrtausenden immer wieder im Erfahrungskonsens der Meister bestätigt. Seine Theorie wurde aber in China bis in jüngste Zeit in einer Weise verfeinert, der Fangfu zufolge, wie bereits angedeutet, nichts mehr hinzugefügt werden kann.

Das exoterische Wissen wird hingegen durch „Experten (Peers)“ im „Meinungskonsens“ und angebliche „Evidenz“ immer wieder „verbessert“ und „abgesichert“. Es ist bekannt, dass es sowohl dem Guten wie Schlechten dient und sein Nutzen deshalb einem wandelnden Meinungskonsens unterworfen ist. Was heute gut erscheint, ist morgen „Schnee von gestern“. Es birgt also – trotz guter Intentionen und augenscheinlicher Erfolge – unvorhersehbare Risiken und langfristige negative Nebenwirkungen. Auch wenn diese in der Vergangenheit – im „Rausch des Fortschrittsglaubens“ – „unter den Tisch gekehrt wurden“, ziehen sie doch Menschen, Gesellschaft und Natur zunehmend in Mitleidenschaft. Dies ist nicht meine Meinung, sondern mein Verständnis der *hýbris-némesis*-Interaktion, die zur *philosophía* zählt.

Hýbris-némesis kontra Hybris-Nemesis

Die ursprüngliche *hýbris-némesis*-Interaktion, so wie sie im Aufstieg erkannt wird, ist viel tiefgründiger, als wir heutzutage mit Hybris und Nemesis[200] verbinden. Sie legt uns nämlich ans Herz, sich der Einschränkung der *empeiría* und der sich daraus ergebenden Bedrohung für die Gesellschaft und Natur bewusstzuwerden. Dies bedeutet, sich in Platons „Höhle“ nicht als Maß aller Dinge zu betrachten, sondern sich im weltlichen Streben einzuschränken. Dies gelingt durch regelmäßiges Üben, das gänzliche neue Einsichten damit zugänglich macht.

Reine Wissenschaft, die kein REINES WISSEN schafft

Die Ökokrise bestätigt, dass die *empeiría* – im Vergleich zur *epistéme* – mit dem *lógos* nicht im Einklang ist. Sie liefert – im Gegensatz zur *epistéme* – keine langfristigen Prognosen über ihre negativen Auswirkungen auf Gesellschaft und Natur. Bewährte Prognosen erkenne ich hin-

[200] *Némesis (Rhamnusia, Adrastia)* wurde durch ihren Einfluss auf das menschliche Geschick zunächst mit *Tyche,* in der röm. Kaiserzeit mit Fortuna assimiliert. Dabei war jedoch bereits der Ursprung der *hýbris-némesis*-Interaktion im Aufstieg in Vergessenheit geraten. www.rdklabor.de/wiki/Fortuna#a._Philosophia. (aufgerufen am 14.04.201)

gegen in folgenden Empfehlungen in Delphi, die mit dem *lógos* im Einklang sind. Dazu zählen: *Nichts im Exzess, Erkenne dich selbst (Werde, der du bist). Halte die Frau unter Kontrolle. Gebe dich nicht der hýbris hin.* Weitere damit stimmige, die man dort findet, folgen in Teil II.

Doch wer erkennt heute noch ihre Metaphern, fühlt sich davon angesprochen und assoziiert sie mit dem Aufstieg? Ich schon, zumal ich mich als Naturwissenschaftler vor Einstieg in die Dao-Praxis der *empeiría* ausschließlich und exzessiv zugewandt habe, ohne zu erkennen, dass ich meiner *hýbris* damit verfallen war und *némesis* herausfordere. Dazu ist zu sagen, dass es für mich im Alter zwischen 15 und 55 Jahren nichts Faszinierenderes als die Naturwissenschaften gab. Ich stimmte meinen Kollegen zu, sie „rein" zu nennen, denn schließlich strebte ich danach, ein „reiner Denker" zu sein. Ich bildete mir ein, die Natur damit zunehmend zu erkennen. Ich war auch davon überzeugt, ich könne die Welt mit meiner Hinwendung zur Naturwissenschaft verbessern.

Ich hätte mit Platons Vorstellung von Reinheit der *epistéme* nichts anfangen können, hätte ich doch ihre Existenz angezweifelt. Mir wurde erst – durch meine Dao-Praxis und Auseinandersetzung mit den hier vorgestellten traditionellen Lehren – allmählich klar, dass mein AD (= peripatetisches Denken = *dianoeín)* nicht rein ist. Ich erkannte, dass es der Ausbeutung der Natur dient und die Ökokrise fördert. Dies zeigt auch die Kritik in Teil II der zitierten Meister – Salomon, Demokrit, Platon, Suhrawardi und andere – an der *empeiría*, die für die meisten von uns heutzutage als Non-plus-ultra für die Selbst- und Welterkenntnis gilt. Mir ist bewusst, dass deren und meine Kritik viele

Leser*innen irritieren mag. Mir wäre es früher nicht anders ergangen. Doch die Kritik ist nicht mit polarisierendem Entweder-oder-Denken (AD) zu beurteilen.

Suhrawardi: Das schlimmste Zeitalter

Suhrawardi (Kritik an der Peripatetik = AD):[201] *„Das schlimmste Zeitalter ist jenes, in dem der Teppich des eigenständigen Bemühens zusammengerollt, [...] das Tor der Offenbarungen versperrt und die Wege der Visionen verschlossen sind.“* Es sollte klar sein, welchen der beiden Erkenntnismodi er anspricht, wenn er vom „eigenständigen Bemühen“, „Aufleuchten“ und „Offenbarungen versperren“ spricht[202] (S. 51). Dabei geht es um wesentlich mehr als Förderung von Intuition, womit seine Lehre unzureichend interpretiert wird. Auch er erwähnt und vergleicht zwei Erkenntnismodi (S. 2, S. 45, S. 62). Der eine führt zum SEHEN mit *sophrosýne* und *aletheía,* der andere beschränkt sich auf Sehen mit *aphrosýne* und *dóxa*. Um welchen von beiden geht es bei Jesus (Joh 8,40): *„Alles, was ich getan habe, bestand immer nur darin, euch die Wahrheit weiterzugeben, wie ich sie von Gott gehört habe.“*

Erkenne dich selbst

Es war das Anliegen der Meister, Schülern den Zugang zur Qi (*psyché*, nafs)- oder Licht-Erfahrung zu eröffnen, um das reine Wissen (Taijixue, *epistéme*, hikma al huduri) zu erwerben, damit ihre *sophía* (Zhihui, hikma) zu entwi-

---

[201] S.12 in Shihab al-Din al-Suhrawardi; *Philosophie der Erleuchtung (Hikmat al-ishraq).* Aus dem Arabischen übersetzt und herausgegeben von Nicolai Sinai. Suhrkamp 2011.

[202] Horten, Max. *Die Philosophie der Erleuchtung nach Suhrawardi.*

ckeln, die *hýbris* zu vermindern und die Ordnung (das Gesetz: *nómos*) des *kósmos* (Bild 2) zu erfahren und bestätigen. Heraklit (Frag. 101): *„Ich erforsche mich selbst."* Pindar: *„Sei wer du bist."* Damit sprechen beide die Erfahrung des *lógos* an. Philon (Deo 1), ich wiederhole, setzt *lógos* auch gleich mit „sonnengleichem Glanz (Engl. *brilliant sunlight*)[203]". Er ist für ihn von „immaterieller Art" und Menschen zugänglich. Damit drückt er aus, worauf auch Jesus hinweist (Röm1,19), dass *„Gott (lógos) in seiner Schöpfung erfahrbar ist"*. Ich erinnere an Aton und Echnaton. Ebenso an die Sonnenscheibe und den Kreis, die den Ursprung der Schöpfung, woraus das Diesseits (Pfeil II) hervorgeht, symbolisieren. Darauf verweist auch Laozi (Kap. 25) mit: *„Es befindet sich in einem Zustand einer aus sich selbst heraus ernährenden kreisenden Bewegung."* Wir lesen (Gen 3,7): *„Geht Gott umher."* Dies könnte auf den kreisenden *sphairos* hinweisen, worauf ich in Teil II zu sprechen komme.

---

[203] Ich erinnere daran, was ich über die Sonnenscheibe als Symbol für Aton berichtet habe.

25. Die Lehre der drei Welten in der *Bhagavad Gita*

Die Übereinstimmung der Dao-Lehre, *philosophía* und Hikmat al Ishraq regte mich dazu an, ihre Metaphern auch in der *Bhagavad Gita* ausfindig zu machen. Auch sie ist dem S-Prinzip zu verdanken. Ich spreche nun ihre LDDW an, die mit (Wuwei, Youwei) = (Akarma, Karma) darauf hinweist. Beide werden gleichermaßen übersetzt.

Akarma = *philía*, Karma = *neíkos*, Atman = *psyché*

Was die *Bhagavad Gita* Atman (आत्मन्) zuweist, ist eins von vielen Indizien dafür, dass sie die LDDW bestätigt und daher dem S-Prinzip genügt. Atman, das mit „Atem" übersetzt wird, ist ihr Äquivalent für Qi (氣) = *psyché* (ψυχή) = nafs (نفس). Ein weiteres Indiz für ihre LDDW ist das Gegensatzpaar (Akarma, Karma). Es wird, genauso wie (Wuwei, Youwei), mit (Nicht-Tun, Tun) oder (Nichthandeln, Handeln) übersetzt. Akarma liefert das Brahmavydia (Brahma-Wissen = Taijixue = Taiji-Wissen = Dao-Wissen = *epistéme* = hikma al huduri) im Aufstieg. Darüber lesen wir:[204] *„Indem man auf das Wesentliche aller Upanishaden zurückgreift, erklärt die Gita, dass Atman* (oft mit Selbst übersetzt) *grenzenlos, unzerstörbar und ungeboren ist. Dieses Wissen, Brahmavydia, befreit einen von allen Einschränkungen der* (weltlichen) *Sinne. Dies ist die Essenz der Lehre der Bhagavad Gita."* Auch Brahmavydia ermög-

[204] Arsha Vidiya Gurukulam Satsangs: https://satsang.arshavidya.org/category/bhagavad-gita/page/2/
Meine Übersetzung von: „Drawing upon the essence of all Upanishads, Gita explains how the self, the atman, is limitless, indestructible, unborn. This knowledge, Brahmavidya, frees one from all sense of limitation. This is the principal teaching of the *Bhagavad Gita.*"

licht den Zugang zu: „Sei der du selbst bist (Erkenne dich selbst)."

Akarma ist nötig, um die höchste Verwirklichung zu erreichen

Krishna[205], dem die LDDW vertraut war, beschreibt in Kap. 8, Vers 16 der *Bhagavad Gita,* vier Kategorien von Menschen, die Wege zum Seelenheil suchen. Er zählt zur vierten diejenigen, die den „Weisheitsweg mit Atman" gehen. Dafür ist Akarma erfordert, das von Atman untrennbar ist. Darüber lesen wir:[206] *„Es heißt, dass Akarma nötig ist, um die höchste Verwirklichung zu erreichen."* Stimmig damit sind folgende Äußerungen: (1) (II.58): *„Wer die* (weltlichen) *Sinne von den Gegenständen der Sinne* (in A) *zurückzieht, so wie die Schildkröte ihre Glieder in ihren Panzer einzieht, dessen Eingebung* (Pfeil I) *ruht auf starkem Fundament in der Weisheit."* (2) (II.60): *„Selbst bei dem Weisen, der nach Vollkommenheit trachtet* (Pfeil I), *wird das Bewusstsein durch das heftige Drängen* (Karma = Youwei) *der* (weltlichen) *Sinne* (von P nach unten) *fortgerissen, o Sohn der Kunti."* (3) (III.19): *„Darum tue immer das Werk, das getan werden muss ohne Anhaften* (an A)! *Denn durch ‚Handeln ohne Verhaftung* (Akarma = Loslassen von Karma)' – *gelangt der Mensch zum Höchsten."* (4) *Patanjali Yoga Sutra* (II.54): *„Wenn man die* (weltlichen) *Sinne vom Erkennbaren* (A) *abzieht und die wahre Natur im Geiste (pneúma) durchscheint,*

---

[205] Es spielt keine Rolle, ob er existierte, was viele anzweifeln. Es geht darum, was ihm zugewiesen wird.

[206] AKARMA: https://wiki.yoga-vidya.de/AKARMA

wird es Pratyahara (nach Innen richten der Sinne = SEHEN) *genannt."*

Vidya (*epistéme*) und Avidya (*empeiría*)

Vidya und Wissen haben denselben indogermanischen Ursprung. Vidya ist in der *Bhagavad Gita* das durch Akarma erworbene universelle Erfahrungswissen (Brahmavydia = Taijixue = *epistéme* = hikma al huduri). Es wird auch mit Weisheit übersetzt. Wir lesen[207]: (a) *„Wer die* (diesseitigen) *Früchte* (des Karma) *nicht isst, ist weise. Wer mit Avidya* (Gegenteil von Vidya, also *empeiría) verbunden ist, ist immer gebunden, während wer mit Vidya*[208] *verbunden [...] voller WISSEN (epistéme) ist, ewig frei ist."* (b) *„Der Weise ist nicht durch den Leib konditioniert, obwohl er im Leib ist [...].* (c) *„Der Unwissende identifiziert sich mit dem Leib wie der Mann im Traum."* Zitate (b) und (c) machen keinen Sinn, wenn man nicht erkennt, dass sich hinter Leib *sóma*, die unterste Wahrnehmung der *psyché,* verbirgt. *Sóma* wird nicht nur von Platon, Jesus und Suhrawardi, sondern auch in der *Bhagavad Gita* „Fleisch" genannt. Fleisch ist, wie betont, eine Metapher für das formhafte (förmliche) Diesseits, wovon es nicht leicht ist, sich zu befreien. Wir lesen (BG VI:46): *„Daher sei ein Yogi, o Arjuna*[209]: *„O du Sucher des Yoga",* sagte

---

[207] Sri Swami Sivananda: Lord Krishnas, His Lilas and Teachings. www.dlshq.org/download/lordkrishna.htm. Meine Übersetzung von: (a) *He who does not eat the fruits (of Karma) is wise* [...]. (b) *The wise man is not conditioned by his body, though he is in the body [...].* (Alle Internetquellen abgerufen am 14.04.2021)

[208] Wissen und Vidya haben dieselbe indogermanische Sprachwurzel.

[209] Bhagavadgita: https://wiki.yoga-vidya.de/Bhagavadgita

Krishna, *„zuerst musst du [...] den festen Entschluss fassen, diesen beschwerlichen Kampf mit dem Fleisch auszutragen."* Man braucht einen Meister, um den „Kampf auszutragen". Dass dies beschwerlich ist, scheint im Widerspruch damit zu stehen, dass für Platon die Praxis freudvoll ist.

Brahman ist formlos

Formlosigkeit hat eine tiefgründige Bedeutung in allen zitierten Lehren, zumal das formvolle Diesseits aus dem formlosen (gemischten) EINEN (Dao = Wuyou = Wu/You) emaniert (Pfeil II). Auch Brahman ist formlos:[210] *„Es ist das alles durchdringende, göttliche, namenlose, formlose, ewig absolute, allem innewohnende Prinzip."* Brahman sollte daher, so wie auch Dao, über formloses – und nicht wie heute üblich – formvolles Yoga erfahren werden. Wie sonst könnte man sich vom formvollen Diesseits (Fleisch) trennen? Ich würde mich freuen, einen Yoga-Lehrer kennenzulernen, der mit dem *allem innewohnenden* Akarma-Prinzip übt und der sich daraus ergebenden LDDW vertraut ist. Die drei Welten tauchen ja auch in der *Baghavad Gita* auf [211] [212], wo Krishna der „Herr der drei Welten" ist.

---

[210] Brahman: https://wiki.yoga-vidya.de/Brahman
[211] Krishna. Sadhana von Swami Sivananda: www.yoga-vidya.de/Yoga--Artikel/Art-Artikel/art_krishna.html
[212] Die Bhagavad-Gita www.yoga-welten.de/schriften/gita/
(Alle Internetquellen abgerufen am 14.04.2021)

26. Das holistische Netzwerk der Metaphern in Traditionellen Lehren

Dieses Kapitel dient der Vertiefung meiner bisherigen Erklärung der *philosophía.* Das Wort ist, so wie es scheint, Pythagoras, der Ägypten und Mesopotamien besuchte, zu verdanken: *„Cicero berichtet in seinen Gesprächen in Tusculum* (liber quintus, cap. 8,9)*, dass Pythagoras vom Fürsten von Phleius gefragt worden sei, wer denn die philósophoi seien und was sie von den anderen Menschen unterscheide?"* Pythagoras antwortet, *„es sei für sie das vornehmste, zuzuschauen* (besser: nach innen zu schauen)*, ohne für sich etwas zu erstreben. So rage denn in deren Leben die Betrachtung und Erkenntnis der* (dies und jenseitigen) *Dinge weit über alle anderen Beschäftigungen hinaus.*" „Ohne für sich etwas zu erstreben" betont die Intensivierung von *philía* durch das S-Prinzip. Es gibt weitere Metaphern, die direkt auf *philía* hinweisen, z.B. *philosophía, philos, philosóphos, philosopheín, phileín, philomatheía, philoposía.* Die Intensivierung von *philía* im Aufstieg ist die Wurzel all dessen, was die *philosophía* zugänglich macht. Es ist ein umfangreiches Netzwerk von innig verknüpften Metaphern.

Das Netzwerk der Metaphern ist holistisch

Zum Netzwerk gehören folgende bereits teilweise erklärte Metaphern. Dazu zählen die zwei Triplets *(sóma, psyché, pneúma), (ouranós, okeanós, gaía)*, sieben Paare (*neíkos, philía), (pánta, hèn), (dóxa, aletheía*), (*aphrosýne, sophrosýne), (dianoéin noeín), (empeiría, epistéme), (hýbris, némesis)* und Metaphern *anamnésis, meléte thanátou, arith-*

metike, astronomía und *geometría.* Sie und viele weitere gehören ebenfalls zum Netzwerk, das die Praxis des Sterbens (*meléte thanátou*) „aus sich heraus“ mit Inhalten hervorbringt, die sich mit dem Übungsfortschritt (P) intensivieren. Dazu gehören vorrangig die acht unterstrichenen Metaphern der LDDW. Sie dienen als Schlüsselmetaphern, um weitere des Netzwerks damit aufzufinden lassen. Ich habe bereits viele davon durch Mustererkennung gefunden, weil sie ihre Äquivalente in der Dao-Lehre haben. Mit beiden Lehren lassen sich dann weitere wie die von Jesus erkunden.

Was ich aber noch nicht betont habe, ist, dass auch das Netzwerk der *philosophía*, so wie das der Dao-Lehre und ihren äquivalenten Lehren HOLISTISCH ist im Sinne von: *In jeder Metapher stecken alle anderen.* Dies heißt, spricht man z.B. eine der acht der LDDW an, so sind nicht nur alle acht davon, sondern auch alle des Netzwerks indirekt mit angesprochen. Dies gilt ebenso für ihre Beziehung untereinander, die ich Schritt für Schritt erkläre. Sie helfen der Suche des Netzwerks von Metaphern einer zu analysierenden und meist mehr oder weniger verzerrten Lehre, von der man vermutet, dass auch sie dem S-Prinzip genügt. Dabei geht es stets um die Wiederherstellung des *lógos* aus dem ihr angedichteten *mythos.* Diesen *lógos* erkennen nur wenige Zeitgenossen mit ihrem AD, weil es das Gemeinsame (Ganzheitliche, Holistische) eher trennt als sucht, so wie es mit PD der Fall ist.

Zurück zur ewig schöpferischen Natur (*natura naturans*)

Wem ist schon bewusst, dass sich der Wandel (Pfeil II) vom *lógos* zum *mythos* im Aufstieg (Pfeil I) wieder rückgängig machen, d.h. sich die dahinter verbergende *aletheía* aus der *dóxa* (in A) rekonstruieren lässt? Doch man braucht, wie einige meiner Enthüllungen bereits zeigen, nicht aufsteigen, zumal dies auch ohne Üben bis zu einem gewissen Grad gelingt. Wäre dies nicht möglich, hätte ich dieses Buch nicht verfasst. Damit erhoffe ich mir, dass meine Auslegung (Hermeneutik) der Metaphern mittels Mustererkennung motivierten Leser*innen hilft, die von mir angesprochenen Traditionellen Lehren bis zu einem gewissen Grad damit zu enthüllen und ihre Universalität zu erkennen.

Dabei sollte es helfen zu akzeptieren, dass (a) unsere Vorfahren in schamanischer Zeit mit der Weisheit noch vertraut waren, bevor diese mit der kulturellen Entwicklung, dem Abstieg (Pfeil II), verloren ging, (b) Meister sie im Aufstieg (Pfeil I) wieder entdeckten, um sie „zivilisierten Kulturen" zugänglich zu machen. Ihre Rück- oder Umkehr (Pfeil I) zur ewig schöpferischen Natur *(natura naturans)* ging jedoch vielerorts verloren und hat sich in China bis heute erhalten. Die damit wiedererweckte Weisheit ist wesentlich umfassender als Jean-Jacques Rousseaus (1712-1778) assoziiert mit: „Zurück zur Natur"[213]. Sie verdient

---

[213] Jean-Jacques Rousseau: *Zurück zur Natur*. www.wissen.de/bildwb/jean-jacques-rousseau-zurueck-zur-natur (aufgerufen am 14.04.2021)

es, Schritt für Schritt zunehmend beleuchtet zu werden, da sie auch den Ursprung unserer Kultur erklärt!

Chaos: Ursprung der breitbusigen Gaia

Laozi (Kap. 25) bezeichnet Dao mit Chaos: *„Es gibt Chaos, das schon vor Himmel und Erde existierte"!* Er nennt (Teil II) Chaos auch Mutter der 10.000 Dinge. 10.000 Dinge ist eine Metapher für das vielgestaltige formvolle Diesseits (A), das aus dem Chaos – Mischung aller Gegensätze (Wuyou) – entsteht (Pfeil II). Was Laozi im Aufstieg (Pfeil I) erfahren hat, ist also, dass das Chaos „Himmel und Erde" erzeugt (Pfeil II). „Himmel und Erde" ist eine Allegorie für das dualistische Diesseits (A), worüber er schreibt (Kap. 23): *„Selbst Himmel und Erde können nichts Dauerndes schaffen, um wie viel weniger der Mensch."* Damit betont er, dass das weltliche Wissen *(empeiría),* das Menschen mit AD generieren, unbeständig ist. Für ihn ist nur das im Aufstieg zunehmend erworbene Dao-Wissen *(epistéme)* ewig beständig.

Hesiod (ca. 700 v.u.Z.) stimmt mit Laozi überein:[214] *„Wahrlich als erstes entstand das Chaos und danach die breitbusige Gaía (gaía eury sternos).*" Korrekt wäre die Formulierung: Zuerst existierte das Chaos, woraus die breitbusige Gaía hervorging. Damit beschreibt Hesiod die Emanation (Pfeil II) des dualistischen („breitbusigen") Diesseits aus dem Chaos. Heraklit nennt das Diesseits *pánta* (Vieles, 10.000 Dinge). Es entsteht aus dem Chaos, das er auch *lógos* und EINS *(hèn)* nennt. *Pánta* ist das (mit

[214] Übersetzung von: *Verily at the first Chaos came to be, but next wide-bosomed Earth, the ever-sure foundations of all.* Aus Hesiod, *Theogony,* ll. 116-121, trans. Hugh G. Evelyn-White.

aphrosýne) in der Außenschau (A) Gesehene von *hèn,* das in der Innenschau (Pfeil I) zunehmend (mit *sophrosýne)* GESEHEN wird. *Hèn* ist beständig, das davon Gesehene (in A) hingegen nicht.

Venus: Breitbusige Gaia

Ich kann mir kein schöneres Symbol für die „breitbusige Gaía“ – Mutter der 10.000 Dinge – als die Venus in Bild 4 vorstellen. Ähnliche Figuren tauchten schon früh an unterschiedlichen Orten der Welt auf. Sie zählen zu den ersten Skulpturen der Menschheit. Was mich an der Venus (Bild 4) fasziniert ist, dass ihr Kopf verhüllt ist. Dies weist darauf hin, dass ihr weltliches Sehen aus- und himmlisches SEHEN eingeschaltet ist. Damit offenbart sich ihr das höchste *mysteríon.* Man beachte die Endung *on,* die auf *eón* (= *hèn* = *lógos* = *theós*) hinweist. Ich erinnere daran, was ich über die Aphrodite bereits angedeutet habe. Sie symbolisiert nicht nur Gaia (Erde, A), sondern den Akt (Pfeil II). Sie verdient besondere Aufmerksamkeit, die ich ihr im Folgenden schenke.

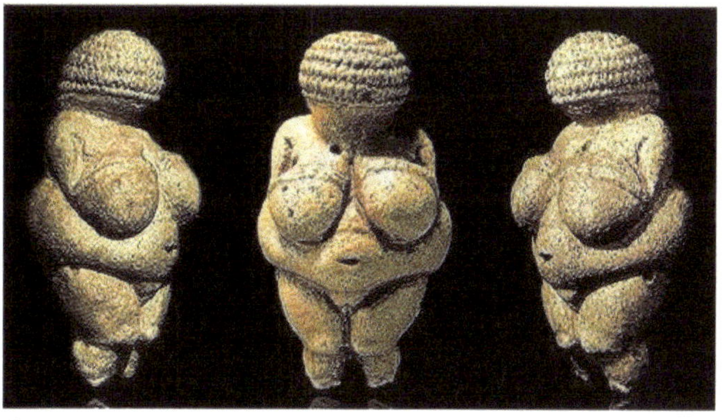

Bild 4 „Venus“ von Willendorf, ca. 24.000-22.000 v.u.Z. (Naturhistorisches Museum Wien)

***Philía* = Aphrodite**

Empedokles setzt *philía* in *Über die Natur* (Frag. 87) mit Aphrodite[215] („Königin Cypris = Kypris“) gleich. Damit ist er im Einklang mit Suhrawardi, der sie, im Gewand der Venus[216] (al-zuhra), mit maḥabba (Liebe) und wa’l-ḥusn (Schönes) gleichsetzt. Aphrodite ist jedoch ursprünglich keine Göttin (der Liebe). Sie wurde von gläubigen Griechen durch *invention of tradition* zur „Göttin Aphrodite“, Urgottheit (Urmutter) und „Sitz aller Unsterblichen“ gemacht. Wäre *philía*, so wie die aus ihr entstandene Philia, eine Göttin, so wäre sie weit davon entfernt, was sich ursprünglich hinter *philía* verbirgt und im Aufstieg erfahren wird.

Plotin (Enn VI. 9 (9) 9,25ff) war sich noch der Bedeutung von *philía* für den Aufstieg und ihrer Transformation zur Göttin Aphrodite bewusst. Er betont, die „Essenz der Aphrodite“ sei ursprünglich himmlisch, sie sei jedoch von denen, die dies nicht erkennen, zur Hure[217] degradiert wor-

---

[215] Die Römer nennen sie Venus. Ihr ist der gleichnamige Planet zugewiesen. *Planétes* ist kein Planet. Er weist auf die immaterielle (spirituelle) Aufstiegserfahrung (Pfeil I) hin.

[216] Ihr altiranisches Äquivalent ist Anahita. Sie symbolisiert den „schöpferischen Weltfluss (Pfeil II)“ und wird mit Weisheit (mazda) verbunden. Vgl. https://de.wikipedia.org/wiki/Anahita
Anahita wurde von den Hellenen mit Artemis identifiziert. Sie wurde gelegentlich auch als Aphrodite Anaïtis bezeichnet. Vgl. F.H.G. Windischmann; *Die persische Anahita oder Anaïtis: ein Beitrag zur Mythengeschichte des Orients.* München 1856, S. 127.

[217] Hure erscheint im folgenden Bibelzitat mit positiver Konnotation (Mat 21, 31-32): *„Jesus sprach zu ihnen: Wahrlich, ich sage euch: Die Zöllner und Huren kommen eher ins Reich Gottes als ihr* (Jesus meint damit die Hohenpriester und die Ältesten des Volkes Israels). *Denn Johannes kam zu euch und lehrte euch den rechten Weg, und ihr glaubtet ihm nicht; aber die Zöllner und Huren glaubten ihm.“* Es gibt

den. Ich verzichte darauf zu erklären, was er damit meint.

Auf ähnliche Weise wie sie, entstanden viele Götter (Göttinnen), z.B. Apollon (Gott des Lichts) oder Halbgötter so wie Herakles, Sohn von Zeus. Apollon hat, so wie angedeutet, den Aufstieg bewältigt. Sein Name verweist auf *eón* (SEIN = *hèn* = *lógos*). Auch Gaía[218], Areté, Némesis und Éros sind Verbildlichungen (Verkörperungen) wahrer spiritueller *lógos*-Erfahrung im Aufstieg. Ich erinnere an Platons Kritik an Homer, der die Götter nur allzu gerne zitiert. Er hätte sie nicht beschrieben, wenn er damit keine Aufmerksamkeit gefunden hätte. Ob er noch wusste, was dahintersteckt?

Adonis, Aphrodite und Persephone

Aphrodite fand den Säugling Adonis[219], zog ihn auf und hatte ihn später als Geliebten[220]. Sie wollte, dass er von Persephone, Königin der Unterwelt (Diesseits) eine weltliche Erziehung haben sollte, was auch geschah[221]. Er entwickelte sich zum gutaussehenden Jüngling, was Aphrodite und Persephone dazu veranlasste, sich über seinen künftigen Werdegang zu streiten. Adonis entschied sich für

---

mehrere Hinweise in der Literatur, in der Askese verherrlicht und die diesseitige Welt als Hure bezeichnet wird, z.B. von Isaac von Nineveh (De Perfectione Religiosa 1.35). Ich erinnere daran, was die Hure von Babylon symbolisiert (Off 14,8; 17,5; 18,21).

[218] *Gaía* wurde in Delphi verehrt. Delphi bedeutet Schoß (Gebärmutter = *matrix*). *Gaia* ist das Diesseits, das Resultat der Emanation aus *ouranos* (Himmel).

[219] In Phönizischer Sprache bedeutet *adôn* Herr oder Prinz.

[220] Ovid, *Metamorphosen* 10, 519-739.

[221] Dies tun auch Dao-Meister, denn Schüler brauchen eine weltliche Basis bevor sie sich auf den Weg (Pfeil I) begeben.

Aphrodite. Hier kommt meine erweiterte Enthüllung der bereits kurz zitierten Geschichte, die auf der LDDW fußt und die einige Leser*innen vermutlich schon erahnen:

Adonis könnte jeder von uns sein, vorausgesetzt er trifft einen Meister, was früher häufig der Fall war. Aphrodite[222] symbolisiert *philía,* Attribut des konfusen (schäumenden) *okeanós* (Meer)[223], Mischung aus *gaía* (Erde) und *ouranós* (Himmel). Persephone („die das Getreide drischt") symbolisiert *neíkos* (trennen, wollen, streben). Im Streit (Kampf) zwischen beiden „Frauen" ging es darum, ob sich Adonis nur weltlichen Dingen (Persephone) oder auch – mit Hilfe von Aphrodite – den himmlischen Dingen hingeben sollte? Er folgte der Empfehlung von Zeus. Er vertraute sich Aphrodite (*philía)* an[224].

Auf die dafür erforderliche Übung (Bild 1) zur Realisierung von *philía*, die Adonis zunehmend mit der Schöpfung verband, verweist die *Odyssee*[225] damit, dass Aphrodite am „sehnsuchtsvollen Tanz der Chariten" teilnimmt. Unter ihrer Herrschaft versinken (verschmelzen)[226] damit alle

---

[222] Forscher sind sich über die Etymologie von Aphrodite nicht einig. Im Einklang mit meiner Auslegung ist: *dite* = wandern (sich bewusst bewegen) und *aphro* = nicht, d.h. Aphrodite = Selbstbewegtes (aus sich heraus) und somit äquivalent mit *philía.* https://en.wikipedia.org/wiki/Aphrodite (aufgerufen am 14.04.2021)

[223] S. 105-134 in Kölligan, Daniel; *Aphrodite of the Dawn:* Indo-European Heritage in Greek Divine Epithets and Theonyms. Letras Clássicas. 11 (11), 2007.

[224] Sie wird auch als Venus bezeichnet.

[225] Homer, *Odyssee* 18, 194.

[226] Es gibt mehrere Hinweise von Empedokles über den unabdingbaren Zusammenhang zwischen *philía* und *sphairos.*

Geschöpfe im wirbelnden *sphairos*. Tanz und Wirbeln verweisen, sofern sie – so wie Dao-Praktizieren – selbstbewegt „aus sich heraus“ erfolgen, auf die universelle Schöpfungserfahrung, die ich in Teil II mit „Trunkenheit“ assoziiere. Diese Erfahrung lehrte auch Jesus (1. Joh 2,20), dem zufolge alle Menschen Christus und Messias sein sollen, ohne irdische Vorgesetzte und mit direkter Kommunikationsverbindung mit dem Schöpfer. Auch er beherrschte, wofür vieles spricht, die Hebammenkunst *(maieutiké téchne)*. Dabei geht es darum, Schüler zu unterstützen, selber das Verschüttete in sich wieder zu erwecken.

Das *mysteríon* auf der *magical mystery tour*

Der Erwerb des (reinen) Wissens (*epistéme)* in der Innenschau (Bild 1) ist unzureichend beschrieben durch: Augen und Mund schließen, abschalten, zur Stille kommen, nach Innen hören, Kontemplieren und Meditieren. Ich hätte damit meinen Einstieg in den Großen Weg nicht bewältigen und somit auch keinen Übungsfortschritt verzeichnen können. Ich charakterisiere ihn hier kurz, wohlwissend, dass Worte nicht wiedergeben, was mit „Leib und Seele“ *peu a peu* erfahren werden will: Tausche in rigoroser Stille den G-Trieb gegen den S-Trieb aus. Austauschen – *proseúchomai (proseúxomai)* – erfordert, dass das verschüttete Mischbewusstsein des Übenden in rigoroser Stille reaktiviert wird, wobei sich sein *sóma*-Anteil der *psyché* reduziert und *pneúma*-Anteil intensiviert. Dabei kommt es zu den drei Metamorphosen der *psyché,* womit der Übende zunehmend (Pfeil I) das Chaos (Mischung) übersinnlich erfasst.

Hebammenkunst

Es ist sowohl vonseiten der Übenden eine hohe Kunst *(téchne),* den Wandel ihrer *psyché* im Aufstieg (Pfeil I) zu realisieren, als auch vom Lehrer (Meister), der sie dabei unterstützt[227]. Sokrates nennt sie, ich wiederhole, Hebammenkunst *(maieutiké téchne).* Dazu mag ihn der Beruf seiner Mutter, eine Hebamme *(maia),* inspiriert haben. Das Wort deutet an, dass er seinen Schülern nicht direkt das damit erworbene WISSEN *(epistéme)*, sondern nur indirekt vermitteln konnte. Seine Kompetenz lag darin, sie zu unterstützen, es durch regelmäßiges Üben – als Wiedererinnerung *(anamnésis)*[228] an Verborgenes – mit seiner Hilfe „aus sich selbst heraus" zur Geburt zu bringen. Fangfu: *„Wirkt der Übende nicht* (willentlich, bewusst, zielorientiert), *dann wirkt in ihm das Dao."* Damit erwirbt der Praktizierende zunehmend (Theaitetos 176a f) *eudaimonia*[229]. Dazu (Symposion 211a ff.): *„[...] bis man von den* (diesseitigen) *Kenntnissen endlich zu jener Kenntnis* (Eingebung) *gelangt, welche von nichts anderem als eben von jenem SCHÖNEN selbst die Kenntnis ist und man also zuletzt jenes selbst, was SCHÖN ist, erkenne."* Ähnlich klingt auch (Mat 5,8): *„Selig*[230] *sind, die reinen Herzens sind, denn sie werden Gott schauen."*

---

[227] Er muss erleuchtet sein, um die die Qi-Übertragung (Zhongzi) zu realisieren, die ich in *The Lao Tzu Code* ausgiebig beschreibe.

[228] *Anamnésis* wird im NT wenig zitiert, hat dort aber eine andere Bedeutung.

[229] Der daoistische Begriff ist „gutes Qi".

[230] Die Dao-Lehre kennt „selig" nicht. Sie spricht stattdessen von „gutem Qi".

Sokrates konnte „in der Luft herumschweben"

Sokrates war sich der Transformation des erfahrbaren *lógos* zum glaubenden *mythos* bewusst, die mit dem Akt (Pfeil II) einhergeht. Dies zeigt seine Kritik am Polytheismus der Athener, die ihre Götter sehr ernst nahmen. Sie waren an seiner „heidnischen Lehre" nicht interessiert, die sie als Aberglauben (Häresie) abtaten. Dies erklärt, warum sie ihn anklagten und zum Tode verurteilten. Sie unterstellten ihm, er habe sich rechtswidrig (*adikei*) verhalten, indem er nicht die von der Polis (Stadt) akzeptierten Götter verehrte, sondern neue einführte (was er nicht tat) und damit die Jugend verführte:[231] *„Aber, Sokrates, was ist denn also dein Geschäft? Woher sind diese Verleumdungen dir entstanden? Denn gewiss, wenn du nichts Besonderes betriebest vor andern, es würde nicht solcher Ruf und Gerede entstanden sein."* Der Komödiendichter Aristophanes machte sich schon zweieinhalb Jahrzehnte vor dem Prozess gegen Sokrates in einer Komödie[232] über ihn lustig. Er dichtete ihm an, er könne „in der Luft herumwirbeln." Erleuchtete, so wie Sokrates, hatten es im orthodoxen Umfeld nicht leicht. Suhrawardi ging es ebenso. Beide waren nicht die einzigen, wie ich noch zeige.

Höhle und Hölle: Allegorien für das Diesseits"

In Platons *Höhengleichnis* ist „Höhle" eine Metapher für das Diesseits. Er nennt sie auch „Austernmuschel", „durch ein Gitter betrachtet" und „Grab der *psyché*". Sie ist, ich

[231] Diogenes Laertios II 40; Xenophon, *Mem.* I 1.1; Vgl. Platon (*Apol.* 10-11, *Apol.* 24b f).

[232] Platon (Apol. 19c), *Die Wolken des Aristophanes.*

wiederhole, die sinnlich eingeschränkte Welt (Gorgias, 363): *„Das habe ich auch schon von einem weisen Manne gehört, dass wir jetzt* (in Platons Höhle) *tot seien und sóma unser Grab (psyché = séma) sei"*. Die Bibel berichtet mehrmals von Hölle, z.B. (Mat 10, 28): *„[...]; fürchtet euch aber viel mehr vor dem, der Leib (sóma) und Seele (psyché) verderben kann in der Hölle."* Ebenso (Mat 11, 23): *„Du (Kapernaum) wirst bis in die Hölle hinuntergestoßen werden."* Ich kenne keine Traditionelle Kultur, in der Meister ihren Schülern Angst einflößen.

Beide Zitate resultieren, so wie viele andere, im Gegensatz zu denen von Platon und anderen Weisen, durch Unkenntnis der drei Metamorphosen der *psyché,* die Jesus als erleuchteter *philósophos* im Aufstieg vollzogen hat. Sie verneinen, heißt, seine Erleuchtung – seine Rückkehr (Pfeil I) zur *phýsis* zu ignorieren. *Phýsis*[233] ist die ewig schöpferische Natur *(natura naturans),* der die *epistéme* und PD zu verdanken ist. Auf ihre Verborgenheit für die gewöhnlichen Sinne (*aphrosýne*) verweist Heraklit mit (Frag. 123): *„Die Natur (phýsis) liebt es, sich zu verstecken."* Aus ihr geht die erschaffene Natur *(natura naturata)* hervor (Pfeil II), der sich die *empeiría* und AD zuwendet.

Nomen est omen

Es ist interessant, dass die Etymologie vieler von mir zitierter „Personen" auf die LDDW und somit den Auf- und Abstieg hinweisen. Darauf komme ich in der Auslegung von Mythen in Teil II zurück. Dazu Beispiele. (1) Abra-

[233] Isaac Newton nennt sein Werk *Philosophiae Naturalis Principia Mathematica.* Es wird übersetzt mit *Die mathematischen Grundlagen der Naturphilosophie.* Er unterschied nicht zwischen AD und PD.

ham: Vater der Vielfalt (*panta*)[234], von *abh* (Vater) und *raham* (verwandt mit arabischer ruham = Vielfalt). (2) David: *ahabah (philía)*[235], Goliath: *gala* (*neíkos)* (3) Noah: „der Stille schafft". (4) Kain: *qyn* = bewusstes zusammensetzen oder formen (*neíkos),* Abel: *hevel* (Atem = Hauch = Qi = nafs). (5) Parmenídes: *pará* (gegenüber) und *méno* (bleiben), d.h. er vertraute sich dem unvergänglichen Gegenüber des vergänglichen Diesseits an. (6) Empedokles: Herrlichkeit *(kléos)* auf Erden *(émpedos).* (7) Sokrates: *sos* = ganzheitlich (unverwundet, sicher) und *kratos* = Energie (Kraft). (8) Platon, Apollon und Philon: (*e)ón*, Philon auch: *philía.* (9) Hypatia: *hypatos* = höchstes. Auch die Etymologie von „Orten" in den Mythen verweist auf die LDDW, z.B. *parádeisos,* im AT (Septuaginta): Garten Eden. Ebenso Atlantis (Insel oder Tochter des Atlas) mit Atlas: ertragen, erdulden. Atlas symbolisiert das Diesseits. „Er" wurde von Zeus, den er abwies, gezwungen, den Himmel auf seiner Schulter zu tragen. Mit dem Untergang von Atlantis beschreibt Platon, wie ich in Teil II zeige, den spirituellen Akt (Pfeil II).

Suche nach Weisheitslehrern

Das reine WISSEN, das der Aufstieg zugänglich macht, hat Weisheitssucher in den alten Zeiten, die ich anspreche, animiert, sich auf Wanderschaft zu begeben, um sich den Weisen *(sophoi)* anzuvertrauen. Platon war angeblich in Ägypten und Pythagoras in Indien, was auch Jesus unter-

[234] Vater der Vielfalt ist das Äquivalent zu Laozis Mutter der 10.000 Dinge.

[235] Diese Zuweisung ist indirekt aufgrund der Etymologie von Goliath, seinem Gegenüber.

stellt wird. Ihre historisch nicht klar belegten Aufenthalte sind mir unwichtig im Vergleich zu ihren Lehrinhalten. Es sind die der *philosophía* oder wie auch immer man sie nennen mag. Was ich bisher darüber angedeutet habe, mag für einige Leser*innen vermutlich immer noch schwer nachzuvollziehen sein.

Die Neugier, worum es dabei geht, drückt auch Herodot (490/480- 430/420 v.u.Z.) aus, der König Kroisos (Krösus) zu Solon (ca. 640-560) sagen lässt[236]: „*Verschiedene Kunde ist zu uns gelangt über deine Weisheit (sophía) und deine Reise. Man hat uns erzählt, du habest, weil dir an Wissen* (über *eón*) *liegt (hos philosopheón), viele Länder der Erde besucht, um des* (inneren) *Schauens willen (theories heineken).*" Herodot grenzt Reisen aus „Interesse an Weisheit" von solchen ab, die um des „Kriegs und Handelns (*neíkos)* willen" durchgeführt werden. Auch wenn es zu seiner Zeit noch mehrere Meister (spirituelle Heiler) gab, die den von mir skizzierten Weg (Pfeil I) lehrten und von Schülern aufgesucht wurden, so sind sie in unserer Zeit nicht leicht anzutreffen. Ich komme auf Solon, der auch in Ägypten war, in meiner Erklärung des Untergangs von Atlantis zurück (Teil II), zumal ihn Platon dort zitiert.

Die drei leiblichen Regionen von (*sóma, psyché, pneúma*)

Was ich (*sóma, psyché, pneúma)* zuweise, beruht auf Fangfus Äußerungen über [Xing (形) Qi (氣) Shen (神)], denen

[236] *Historien I*, 30; nach M. Kranz „Philosophie" in *Historisches Wörterbuch der Philosophie*, Sp. 573, www.uni-bielefeld.de/philosophie/personen/beckermann/Veranstaltungen/06-07%20Orientierung/handout02.pdf

die drei Welten (You, Wuyou, Wu) (Bild 2) zugeordnet sind. In der Dao-Lehre ist Wuwei das zentrale Attribut von Wuyou und Youwei von You. Den drei Welten (You, Wuyou, Wu) und ihren Existenzen (Xing, Qi, Shen) sind drei immaterielle Leibesregionen zugewiesen. Sie werden – so wie alles, was ich berichte – mit der Dao-Praxis (des Sterbens) übersinnlich erfasst. Davon ist You dem Kopfraum (Tian Men), Wuyou dem Herzraum (Jiang Gong) und Wu dem Bauchraum (Di Fu) zugewiesen. In meiner Schule gilt: „Der Kopf ist das Werkzeug des Herzens." Der Kopf führt aus, was das Herz gebärt. Bei den drei „Räumen" geht es um immaterielle Leibesregionen, die der Große Weg in der Innenschau offenbart. Platon spricht die dreigeteilte *psyché* in *Timaios* (50c-d) und somit auch indirekt die drei Welten an. Auch Suhrawardi benennt sie: [237] *„Alle sprechen von drei Welten und sind sich in der Einheit Gottes einig."*

Nach Untergang der *philosophía* wurde jedoch der Geist (*pneúma)* dem Kopf (Gehirn) zugewiesen und mit Verstand, Vernunft und Intellekt assoziiert. So wurde – in der Hierarchie der dreigeteilten *psyché* – das Unterste (*sóma)* ins Oberste (*pneúma)* verkehrt. Was einmal unten war, ist nun am Gipfel. Der heutzutage so hoch gepriesene „kluge Kopf" ist also, man höre und staune, für die Meister das unterste kognitive Organ in der dreistufigen Hierarchie. Ihm sind die Yin-Liugen zugewiesen. Alles Neue wird aber nicht dort, so wie heute angenommen, sondern in Xin (*phrén)* geboren, das vom Damm (*períneos)* gesteuert wird.

---

[237] S. 14 in John Walbridge; *The Wisdom of the Mystic East: Suhrawardi and Platonic Orientalism,* State University of New York Press 2001.

Zhihui (*sophía,* hikma) ist untrennbar von Xin *(phrén)*, worauf „Weisheit des Herzens“ noch hinweist. Dazu zählt, dass Eingebungen von Herz zu Herz transferiert werden.

Heilen: Qi *(psyché,* nafs, Atman) sucht psychosomatische Blockaden auf

Heraklit, der, so wie kein anderer, den *lógos* kompetent erklärt, betont die heilende Eigenschaft von *psyché* (Qi, nafs, Atman) (Frag. B 67a): *„Wie die Spinne, die in der Mitte ihres Netzes sitzt, merkt, sobald eine Fliege irgendeinen Faden ihres Netzes zerstört, und darum schnell dahineilt, als ob sie um die Zerreißung des Fadens sich härmte* (besorgte), *so wandert des Menschen psyché bei der Verletzung irgendeines Körperteils rasch dahin, als ob sie über die Verletzung des Körpers, mit dem sie fest und nach einem bestimmten Verhältnis verbunden ist, ungehalten sei.“* Damit betont er, in bester Übereinstimmung mit der Dao-Lehre, dass sich gutes Qi *(psyché,* nafs; Atman) im Üben (Bild 1) „aus sich heraus“ dorthin bewegt und genau dort agiert, wo es – im Sinne einer Autotherapie – der Beseitigung von psychosomatischen Blockaden dient! In der Dao-Lehre gilt außerdem: *Qi folgt der Aufmerksamkeit!* Indem sich der Übende in seiner Innenschau einer Blockade, die er im regelmäßigen Üben spürt, halb bewusst und halb unbewusst hinwendet, sorgt er dafür, dass sich dort gutes Qi konzentriert und er die Blockade durch regelmäßiges Üben damit allmählich beseitigen kann. Hat er genügend Qi-Fähigkeiten entwickelt, kann er auch andere Menschen heilen. Was ich anspreche ist die älteste (spirituelle) Heilmethode der Welt, die sich noch teilweise in der TCM (traditionelle chinesische Medizin) erhalten hat.

Der Mensch ist erst Mensch, wenn er eine gewisse Höhe erreicht hat

Es irritierte mich anfänglich, dass Suhrawardi die unterste *psyché* (nafs-i ḥayawānī) tierisch und mittlere *psyché* (nafs i-insāni) menschlich nennt. Auch für Platon (Rep. 586a ff) ist die *psyché* – durch den Schöpfungsakt (Bibel: Sündenfall) – zur „tierischen Daseinsform (*psyché = sóma = sarx =séma)* herabgesunken". Die Wortwahl beider Männer leuchtete mir allmählich ein, da für sie ein Mensch erst dann ein MENSCH ist, wenn er im Aufstieg (Pfeil I) seinen „Wandel" ausreichend vollzogen hat. Dies ist keinen anderen Wesen außer uns Menschen möglich. Es ist daher kein Wunder, dass einst Erkenntnissuchende weltweit, die ihren Abstieg akzeptierten, Weisheitslehrer aufsuchten, um sich mit ihrer Hilfe auf den Aufstieg (Pfeil I) zu begeben. So konnte sie erfahren, was diese mit Geist *(pneúma)*, Wahrheit *(aletheía)* usw. meinen, z.B. Joh (14,17): *„Es ist der Geist der Wahrheit, den die Welt nicht empfangen kann, weil sie ihn nicht SIEHT und nicht kennt. Ihr aber kennt ihn, weil er bei euch bleibt und in euch sein wird."* Der erste Satz ist stimmig mit Heraklit (DK 22 B2): *„Aber obschon der lógos allen gemein ist, leben die meisten doch so, als ob sie eine eigene Einsicht hätten."* Der zweite Satz betont, dass die Schüler *(mathetés)* den *lógos* erfahren können.

Joh (14,17) ist auch stimmig mit Joh (14,6): *„Ich bin der Weg und die Wahrheit und das Leben (psyché). Niemand kommt zu Gott (lógos), dem Vater als nur durch mich."* Ebenso mit Joh (17,17): *„Dein Wort (lógos), Gott, ist Wahrheit (aletheía)."* Bei all diesen und weiteren damit stimmigen Zitaten geht es ursprünglich, bevor sie – mangels Kenntnis der erfahrbaren Metaphern – verdreht wurden, um ‚persönliches Erfahren'. Darüber fanden, ich wiederhole, Meister einen für sie nicht infrage zustellenden mehrtausendjährigen Erfahrungskonsens. Die Worte, die diesen beschreiben, wollen hingegen geglaubt werden, worüber man streiten und einen Glaubens- und Meinungskonsens finden kann oder nicht.

Fangfu: Früher bekamen Schüler keine Anweisungen zum Üben.

Ich wiederhole und ergänze. Fangfu: *„Früher* (in alten Zeiten) *bekamen die Schüler von Altmeistern nicht die Theorie*[238] *vermittelt, die sich im Üben „aus sich selbst" ergibt. Sie mussten diese selber entdecken."* Dies hat sich seit langem geändert, da es schwer ist, Schüler ohne Theorie für den Großen Weg zu gewinnen. Fangfu: *„Üben fördert das zunehmende Verständnis der Theorie des Taiji-Wissens (epistéme) und diese wiederum nützt dem erfolgreichen Üben."* Daher bekamen Schüler über die Jahrtausende zunehmend die Theorie erklärt, die ich hier wiedergebe. Doch ihre Vermittlung birgt auch Nachteile, weil Einsteiger in die Praxis möglicherweise durch falsche Erwartungen hinsichtlich ihres Übungsfortschritts geprägt sind, was dem Erwerb des Taiji-Wissens (*epistéme)* im Weg steht. Daher ist der Erfahrungsaustausch mit dem

---

[238] Das Lehnwort „Theorie" hat seinen Ursprung in *theoría,* einer Metapher der *philosophía:* Betrachtung des Schönen und der Wahrheit durch reines Denken (im Aufstieg).

Lehrer und Mitschülern gefragt.[239] Damit gewinnt der Übende Sicherheit, dass er auf dem „richtigen Weg" ist. Was ich andeute, ist für mich stimmig mit Platon. Er nennt in Rep (531d-537c) die Person, die – dank der im Aufstieg erworbenen *epistéme* – das SEIN *(to ón, to noetón, noúmenon)* erfährt, einen *dialektikos.* Damit drückt er aus, dass der Erwerb der *epistéme* nicht nur Praktizieren, sondern *dialegesthai,* die Auseinandersetzung mit dem Lehrer und anderen Praktizierenden erfordert. Damit entwickelt er sein PD (Taiji-Denken).

Unglaublich, aber dennoch natürlich

Fangfu erzählte einmal von zwergähnlichen Mischwesen[240], die er in seiner Innenschau SAH. Er bemerkte, was seine Schüler zum Lachen brachte, dass diese nicht „(fr)essen, pink… und schei… ." Er sprach vermutlich die *daimones* an, die Platon, gemeinsam mit *Eros,* im *Symposium* (202d-203a), Vermittler (Mittler und Dolmetscher) zwischen Menschen und Göttern – Sterblichen (in A) und Unsterblichen (in D) – nennt. Fangfu erwähnte auch den Drachen (Long), „Urahn aller Menschen". Ähnliche immaterielle Wesen, die GESEHEN werden, entsprechen wohl dem griechischen Phönix und iranischen Simurgh, dessen

[239] Ich sehe was ich hier andeute in Platons *Siebten Brief* (342a-b) angesprochen.

[240] Platon nennt sie *daímones.* Sie sind ungeboren (unerschaffen), worauf auch die buddhistische *Itivuttaka* (43) hinweist: *„Weil es nun aber, Ihr Mönche, ein Ungeborenes, Ungewordenens, Ungeschaffenes, Ungestaltetes gibt, so ist auch ein Ausweg* (Pfeil I) *aus dem Geborenen, Gewordenen, Geschaffenen, Gestalteten* (im Diesseits) *zu erkennen."* https://religion.orf.at/v3/lexikon/stories/2568984/

Nest sich am „Zielort (D) von Wahrheit und Selbsterkenntnis" befindet.[241] Dies und noch viel mehr „Unglaubliches" ist natürlich, weil es „aus sich selbst" erfahren wird. Die „Dichtkunst" darüber ist *dóxa* (Meinen, Glauben, Für-wahr-halten).

Qi-Übertragung in traditionellen Lehren

Fangfu: *„Alle authentischen Meister setzen eine Qi-Übertragung* (Energieübertragung) *ein."* Als ich sie – zum Einstieg in den Großen Weg – in entspannter Stehposition von Fangfu erhielt, begann ich mich spontan im Kreis zu drehen und hatte dabei Halluzinationen. Es war ein beindruckendes Erlebnis, das mir zeigte, was mit „aus sich selbst" und *mystérion* gemeint ist. Platon (Phaidros 249a-250c) spricht es – mit Verweis auf das *sympósion* (Bild 1) – in Bezug zum „Weg der Eingeweihten" an. Dafür ist die Qi (*psyché,* nafs, Atman)-Übertragung vom Meister auf den Schüler unverzichtbar. Was steckt dahinter?

So wie sich der Praktizierende (Bild 1) auf die Klugheit seines Leibs *(SÓMA*[242]*)* verlässt, vertraut er auch der Qi-Übertragung. Sie ist eine *conditio sine qua non* (unabdingbare Voraussetzung) zur Bewältigung des Aufstiegs (Pfeil I). Sie ist eine Navigationshilfe, um „ans andere Ufer (D) zu gelangen". Ohne sie gibt es keine Dao (Taiji, *theós*, *lógos = phýsis, eón)*-Erfahrung. Dao-Meister haben schon früh erkannt, dass es eine Gefahr beinhaltet, ohne sie zu

---

[241] Vgl. Simorgh: https://de.wikipedia.org/wiki/Simorgh_(Mythologie) (alle Internetquellen abgerufen am 09.07.2021)

[242] Wenn ich *SÓMA* mit Großbuchstaben schreibe, bedeutet es Leib. Schreibe ich *sóma,* so ist es die *psyché,* mit der der Praktizierende das Diesseits wahrnimmt.

üben. Dies veranlasste sie, diese zu konzipieren, um ihre Schüler damit zu schützen. Dazu schickt (überträgt) Fangfu über seine Hand jedem Schüler – vor Einstieg in die Dao-Praxis – ein „spezielles Qi", das in meiner Schule ‚Zhongzi' (Samen) genannt wird.

Wer meint, er könne die Praxis (Bild 1) ohne Samen ausÜBEN, mag die Kontrolle über sich verlieren, was bedrohliche Folgen haben kann. Der Samen sorgt dafür, dass Wuwei – Wirkung (Wei) aus Wu durch eigenes Nicht-Tun oder Nichtwirken (Wuwei) – nur „gutes lebensförderndes Qi" – Platons: *eudaimonía* – kreiert. Wuwei ist für Übende also nur dann lebensfördernd, wenn sie eine Qi-Übertragung vom Meister erhalten haben. Nur dann gilt: Wuwei = *philía* = mahabba = *ahabah* = Akarma. D.h. hinter allen fünf Metaphern verbirgt sich nur dann eine positive schöpferische Wirkung, wenn die Qi-Übertragung erfolgte. Bei entsprechendem Fortschritt (P) kommen zwei weitere dazu.

Samen, Sokratische Energie und ewiges Ferment

Das Äquivalent vom Zhongzi (Samen) bei Platon ist (Rep.5) *Sokratike ichys* (Sokratische Energie oder Stärke). Sie dient der Eingebung in das Gute *(phronésis)* und Förderung der Tugend *(arété).* Wir lesen:[243] „Ihr Erwerb bedarf keiner dialektischen Argumentation (AD), nur sokrati-

---

[243] Siehe *Harper's dictionary of classical literature and Antiquities.* https://archive.org/details/cu31924027019482. Meine Übersetzung von: *Its acquisition needs no dialectic argumentation, only Socratic strength.* (abgerufen am 14.04.2021)

scher Stärke.“ Suhrawardis Äquivalent[244] für *Sokratike ichys* ist „ewiges Ferment (al-hamirah al-azaliyyah)[245].“ Antisthenes (ca. 445-ca. 365) werden die Worte zugewiesen[246], womit er im Einklang mit Fangfu und dessen Qi-Übertragung ist: „Zusätzlich zum WISSEN davon, was das Gute ist, bedürfe es der *Sokratike ischys,* um es zu realisieren.“

Qi (*psyché,* nafs)-Übertragung im NT?

Ich habe, nachdem ich Hinweise zur Qi-Übertragung in der *philosophía* und Hikmat al Ishraq fand, auch im NT danach gesucht. Wenn Jesus und sein Lehrer Johannes erleuchtet waren, sollten auch sie damit vertraut gewesen sein. Die drei „Taufen von Johannes“ deuten darauf hin. Folgende Aussage vermutlich ebenso (Mk 10,45): *„Denn auch der Menschensohn ist nicht gekommen, dass er sich dienen lasse, sondern dass er diene und für viele sein Leben* (*psyché*) *gebe als Lösegeld“.* „*Psyché* geben“, um sich von diesseitigen Einschränkungen zu befreien, könnte auf die Qi (*psyché*)-Übertragung hinweisen. Sie ist nötig, sich „vom Fleisch *(sarx = sóma)* zu befreien (freizukaufen)“, also um *pneúma* im Aufstieg zu intensivieren. Sie ist ver-

[244] Siehe: *Opera metaphysica et mystica. OEvres philosophiques et mystiques*. Hrsg. von Henry Corbin, Istanbul 1945 (Band 2 ist 1954 in Teheran erschienen, Band 3 1970 in Teheran).

[245] Guy Ogilvy: *The Great Wizards of Antiquity: The Dawn of Western Magic and Alchemy*, Llewellyn Publications, 2019.
Vgl. John Walbridge; *The Leaven of the Ancients*: Suhrawardi and the Heritage of the Greeks (SUNY series in Islam), State University of New York Press 1999.

[246] S.41 in Klaus Döring. *Die Kyniker*. C. C. Buchner, Bamberg 2006. https://www.altphilologenverband.de/forumclassicum/pdf/FC2006-1.pdf

mutlich auch angesprochen in Mat (10,1): *„Und als er seine zwölf Jünger herangerufen hatte, gab er ihnen ‚Vollmacht' über unreine Geister, sie auszutreiben und jede Krankheit und jedes Gebrechen zu heilen."* Die Übertragung gibt Übenden die Vollmacht, schlechtes Qi (*psyché*) zu beseitigen. Sie dient der traditionellen Lebenspflege und Wahrheitssuche (Bild 1). Auch ist zu betonen, dass Tugend im NT vielfältige Zuweisungen hat, die mit Glauben, der ja dort „verherrlicht" wird, und nicht mit Erfahren in Verbindung gebracht werden.

Einmal Yin und einmal Yang heißt das Dao

Meine Auslegung der *Genesis* in Teil II deckt ausführlich auf, was dort hinter der Interaktion zwischen Yin und Yang steckt, die sich hinter vielen Zitaten und auch Mythen verbirgt. Sie zeigt, was gemeint ist mit:[247] *„Einmal Yin und einmal Yang heißt das Dao."* Alle Lehren, die dem S-Prinzip genügen, berichten – wenn auch mehr oder weniger verzerrt – darüber, was die Dao-Lehre Sixiang (Yin-Yang-Symbol unten in Bild 2) zuweist. Die Gesetze dahinter, die im Aufstieg zunehmend erkannt und veröffentlicht werden können, sind mit *Drei Offenen Analytischen Ansätzen* (Sanxi) beschrieben:[248] Huasheng (Entstehungsverwandlung und Geburt), Duidai (Gegensätzlichkeit und Relativität) und Liuxing (Entwicklung und Wandlung). Ich hoffe, dass Leser*innen ein zunehmendes Gefühl entwickeln, um

[247] S. 58 in Cheng Yi; Ercheng yishu. Siehe Wenchao Li; *Die Christliche China-Mission Im 17. Jahrhundert: Verständnis, Unverständnis, Missverständnis.* Eine Geistesgeschichtliche Studie Zum Christentum, Buddhismus und Konfuzianismus. David Brown Book Company 2000.
[248] Siehe: *Geheime Dao-Schöpfungslehre*, Lotus Press 2015.

was es dabei geht, zumal auch die *philosophía* und die ihr äquivalenten Lehren Äquivalente für Yin und Yang haben, auf die ich in Teil II noch ausführlich eingehe. Suhrawardi spricht anstatt Yin und Yang von Dunkelheit und Licht, die zu seiner „Lichttheologie" zählen. Auch Jesus spricht beides an in Joh (8,12): „*Wer mir nachfolgt, der wird nicht wandeln in der Finsternis, sondern wird das Licht des Lebens haben.*" Auch die Beziehung zwischen Eva *(sóma)* und Adam (*pneúma)* fußt darauf (Teil II). Hier kommen zwei Bemerkungen, die – in Übereinstimmung damit – auf Yin und Yang hinweisen.

(1) Menschen sind Fangfu zufolge mit zunehmendem Alter durch immer mehr Yin (*sóma* = Eva) und zu wenig Yang (*pneúma* = Adam) geprägt. Üben mit dem S-Prinzip intensiviert Yang und vermindert Yin.

(2) Yin und Yang beschreiben die dialektische Interaktion zwischen zwei entgegengesetzten Zuständen, worauf Platon verweist mit (Politeia 8,4)[249]: „*Denn das Wort ist wahr, dass ein Extrem regelmäßig das entgegengesetzte Extrem auslöst.*"

Dazu ist zu betonen, dass Wandel im Diesseits das einzig Beständige ist. Dies drückt Heraklit – mit Verweis auf *panta rhei* (alles fließt) – aus (Frag. 91): „*Man kann nicht zweimal in denselben Fluss steigen.*" Das Diesseits ist, was der Mensch mit seinem Sehen (*aphrosýne*) wahrnimmt: Die unbeständige Erscheinung (das Abbild) des ewig beständig EINEN *(hèn)*, das im Aufstieg mit SEHEN (*sophrosýne)* zunehmend erfasst wird.

---

[249] Auszug aus Platon: *Politeia:* Demokratie und Freiheit: http://wfgw.diemorgengab.at/tzn200703.htm (abgerufen am 10.04.2021)

27. Die *philosophía* im frühen Christentum

In griechischen Texten der frühchristlichen Lehre erscheinen Metaphern der *philosophía*. Ich gehe davon aus, dass Jesus mit deren erfahrbaren Inhalten vertraut war, was mehrere seiner Aussagen bestätigen. Diese Texte wurde jedoch durch Unkenntnis seiner Metaphern nach seinem Tod uminterpretiert, so wie es mit der *philosophía* und all ihren äquivalenten Lehren auch der Fall war. Damit ging ihr ursprünglicher Inhalt, ihr erfahrbares *mystérion,* verloren. Was einst auf nicht infrage zustellende Weise erfahren wurde, wurde nun geglaubt oder auch nicht. Es ist mein Anliegen, das Original zumindest ansatzweise wieder daraus herzustellen. Nur so kann ich begründen, warum ich Jesus als erleuchteten *philósophos* betrachte, obwohl ihm die griechische Sprache unvertraut war. Es kommt schließlich nicht auf die Worthülsen, sondern deren allegorische Inhalte – nicht im Einzelnen, sondern in ihrer Gesamtheit – an. Mir ist z.B. die chinesische Sprache bis auf einige Vokabeln unvertraut, was nicht heißt, dass mir der Zugang der von mir erklärten Dao-Metaphern damit versperrt wäre. Andersherum erkennen Menschen, selbst wenn sie mit einer Sprache (z.B. Altgriechisch) sehr gut vertraut sind, dennoch nicht deren Metaphern, die das S-Prinzip hervorbringt.

Männlich, weiblich und mannweiblich im frühen Christentum

Die *Exegese der psyché*[250] (NHC II, 6, 127, 23-24) erwähnt den dreistufigen Aufstieg der *psyché* (Pfeil I), der die *kosmogonia (kosmología)* (Pfeil II) und auch die *Genesis* – in ihrer ursprünglichen Version – erklärt. Dort steht, dass die *psyché* am Anfang (D) beim „Vater" und in diesem Zustand (unterhalb D) eine „Jungfrau" und „mannweiblich" gewesen sei. Sie sei dann „hinunter in *sóma* gefallen (Pfeil II)" und so in „dieses (weltliche) Leben (A) gekommen".

Männlich für *pneúma*, mannweiblich (androgyn)[251] für *psyché* und weiblich für *sóma*, sind Metaphern, die den dreistufigen Wandel der *psyché* im Aufstieg (Pfeil I) und Abstieg (Pfeil II) charakterisieren. Es geht dabei, ich wiederhole, um keine Genderattribute, sondern Allegorien, ebenso bei der „mannweiblichen Jungfrau". Sie symbolisiert den kreativen (gebärenden) Aspekt der *psyché* im EINEN, der (androgynen) Mischung aus *sóma* (Eva) und *pneúma* (Adam). Ich habe auch schon darauf hingewiesen, dass der *sóma*-Anteil *(anima)* der *psyché* mit Übungsfortschritt (P) ab- und der *pneúma*-Anteil *(animus)* zunimmt. Genau dies spricht, ich wiederhole, Jesus an (114; NHC II, 51, 18-26): *„Siehe, ich werde sie* (Maria Magdalena) *führen, auf dass ich sie männlich mache, [...]."*

---

[250] Rainer Flasche, Fritz Heinrich, Carsten Koch, Hrsg; *Religionswissenschaft in Konsequenz.* Beiträge im Anschluss an Impulse von Kurt Rudolph, Lit-Verlag, Münster, 2000.

[251] Mann-Frau (Adam-Eva) und Himmel-Erde ist oft der Oberbegriff von diesseitigen Gegensatzpaaren. Androgyn charakterisiert ihre im Aufstieg (Pfeil I) zunehmend erfahrbare Mischung (Wuyou, EINS).

Seine Worte sind stimmig mit folgenden, die ebenfalls auf den Aufstieg von *sóma* zu *psyché*, Mischung aus *sóma* und *pneúma* hinweisen:[252] *„Wenn ihr die Zwei* (zu) *Einem macht und wenn ihr das Innere wie das Äußere macht und das Äußere wie das Innere und das Obere wie das Untere und wenn ihr das Männliche und das Weibliche zu einem einzigen* (also mannweiblich) *macht, damit das Männliche nicht männlich ist, das Weibliche* (nicht) *weiblich ist, [...] dann werdet ihr [in das Königreich] eingehen."* Damit empfiehlt er die regelmäßige temporäre Abkehr (im Üben) von der dualistischen Welt (Zwei = A) der Gegensätze (Inneres-Äußeres, Männliches-Weibliches, Oberes-Unteres, Yin-Yang), um so das monistische EINE *(hèn),* Mischung (Yin/Yang) aller Gegensätze, zu erfahren (Pfeil I). Mannweiblich (androgyn) allegorisiert diese ewig gebärende Mischung.

Diskriminierung von Frauen

Paulus bezeichnet in 1. Kor (11,7) die Frau als „Abglanz des Mannes" und den Mann als „Haupt der Frau". Wir lesen (Eph 5,22): *„Ihr Frauen, ordnet euch euren Männern unter, so wie ihr euch dem Herrn unterordnet."* Zur P-Version der *Genesis* gehört (1. Mos 3,16): *„Es wird dich zu deinem Mann hinziehen, aber er wird über dich herrschen."* Die Akzeptanz des Geschlechts, die der Unkenntnis der im Aufstieg erfahrbaren Metaphern (Frau, Mann, Herr) geschuldet ist, bewirkte, dass Frauen zu Unrecht ab- und Männer aufgewertet wurden. Sie festigte patriarchali-

---

[252] *Thomas Evangelium:* www.puramaryam.de/thomasevangelium.html abgerufen am 10.04.2021

sche Strukturen, was Jesus gewiss nicht gebilligt hätte. Er hatte Frauen als Bewunderer (Mk 15,40-41). In anderen Worten, die obigen biblischen Äußerungen resultieren aus mangelndem Verständnis der Interaktion zwischen Yin und Yang, die in der modernen Dao-Lehre geschlechtslos sind. Ich benutze jedoch Yin (*sóma* = Eva, Frau; Erde) und Yang *(pneúma* = Adam, Mann, Himmel), um den Auf- und Abstieg im NT (Teil II) im Einklang mit der *philosophía* zu beschreiben.

Das *pneúma* ist das, was lebendig macht

Im Aufstieg, ich wiederhole und ergänze, intensiviert sich *pneúma* und reduziert sich *sóma.* Dies erklärt (Joh 6,62): *„Das pneúma ist das, was lebendig macht* (die *psyché* erweitert; Pfeil I)*; das Fleisch (sarx = sóma =* gefallene *psyché = séma) nützt nichts. Die Worte, die ich zu euch gesprochen habe, sind Geist (pneúma) und Leben (psyché).“* Damit stimmig ist (Mk 14,37-38): *„Der Geist (pneúma) ist willig, aber das Fleisch ist schwach.“* Die Botschaft dahinter ist, dass es nicht leicht ist, *pneúma* im Aufstieg zu intensivieren. Wer es vermehrt und *sóma* dabei vermindert, dem erscheint das Diesseits (A) im Rückblick als vergängliche Spaltung (10.000 Dinge = *pánta*) des unvergänglichen EINEN *(hèn).* Dies erklärt (Mat 12,25) *„Jedes Reich, das in sich gespalten ist, geht zugrunde, [...].“*

***Mystérion* im Neuen Testament**

Mystérion wird im NT mit Geheimnis oder Zeugnis (Gottes) übersetzt, z.B. bei Paulus (1 Kor 2,1.7)[253]: *„Als ich zu euch kam, Brüder, da kam ich nicht, um glänzende Reden oder gelehrte Weisheit vorzutragen, sondern euch das ‚Zeugnis (mystérion) Gottes' zu verkünden."* Man mag diesem Zitat die Bedeutung von *mystérion* in der *philosophía* entnehmen, das Worten unzugänglich ist, weil das SEIN (*eón = ón)* erfahren werden will. Dies sehe ich auch in Mk (4,11), Mat (13,11) und Lk (8,10) bestätigt, denn dort grenzt Jesus seine Anhänger von denen ab, die er nicht „auf den Weg (Pfeil I) der Wahrheitsfindung" führt. Dies sind die, die nicht erfahren, sondern glauben. Nur durch Erfahren lässt sich für einen *philósophos* das *mystérion* bestätigen. Auch wenn es eine ESP-Erfahrung ist, so ist sie doch gänzlich natürlich und nicht über- oder unnatürlich. Letzteres ist das, was man Jesus mangels Kenntnis seiner Metaphern oft andichtet. Wer es tut, verhält sich unnatürlich, auch wenn er meint, er verhalte sich natürlich. Dazu erinnere ich an Heraklit (*Vor den Sophisten*): *„Die phýsis* (schöpferische Natur) *liebt es, sich* (Ungeübten) *zu verbergen."* Was er über den erfahrbaren *lógos* schreibt, gilt also auch für *phýsis*: *„Aber obschon der lógos allen gemein ist, leben die meisten doch so, als ob sie eine eigene Einsicht* (über *lógos* und *phýsis) hätten."*

[253] *Mysterion im Neuen Testament:* https://docplayer.org/20545990-Mysterion-im-neuen-testament.html (abgerufen am 14.04.2021)

Paulus: Vom alten zum neuen Menschen

Ich entnehme Jesus, dass er wusste, dass *pólemos* (Kampf) nichts, so wie oft behauptet, mit Krieg, Streit und Wettkampf zu tun hat. Es geht auch bei ihm um den inneren Kampf *(pólemos),* so wie ihn Heraklit anspricht (Frag. B 53): *„Der Kampf (pólemos) ist der Vater aller Dinge, der König von allen. Die einen macht er zu Göttern, die anderen zu Menschen, die einen zu Sklaven* (A), *die anderen zu Freien* (D)." *Pólemos* bringt die Vielfalt (10.000 Dinge = *pánta*) im Aufstieg (Pfeil I) zusammen zum EINEN (*hèn* = *lógos)*. Damit wird man zum „neuen Menschen", den Paulus in Röm (7,14-25) anspricht. Doch wusste er noch, worum es geht? Wer sich einem Meister, so wie Heraklit oder Jesus, anvertraute, konnte ein „neuer Mensch" werden. Jesus, ich wiederhole*: „Wenn ihr in meinem lógos bleibt, so seid ihr wahrhaftig meine Jünger, und ihr werdet die Wahrheit erkennen, und die Wahrheit wird euch frei machen!"* Ich betrachte seine Worte, den *lógos* „aus sich heraus" zu erfahren (Pfeil I), mit Heraklit (Frag. B 8) im Einklang: *„Die schönste Harmonie entsteht* (Pfeil I) *durch ‚Zusammenbringen der Gegensätze* (im Diesseits)'." Im Abstieg (Pfeil II) ist es umgekehrt. Dann geht die *harmonía,* Verbindung zum Höchsten *(theós, lógos = phýsis, eón*), gemeinsam mit der Weisheit (*sophía)* und Tugend *(arété),* verloren. Die *hýbris* nimmt dabei zu.

Jesus im *Thomasevangelium*

Das *Thomasevangelium* (im *Nag Hammadi Code* = NHC*)* beeindruckt durch Äußerungen von Jesus, die mit dem Dao-Wissen (Taijixue), *epistéme,* hikma al-huduri und

Brahmavydia sehr gut übereinstimmen, z.B.:[254] *„Ich bin der Weg und die Wahrheit und das Leben."* Es ist die Antwort auf Thomas' Frage: *„Herr, wir wissen nicht, wohin du gehst. Wie sollen wir dann den Weg kennen?"* Jesus: *„Erkenne, was vor dir* (Pfeil I) *ist, und was dir* (bisher in A) *verborgen ist, wird dir enthüllt werden. Denn es gibt nichts Verborgenes, was nicht* („aus sich heraus") *offenbar werden wird* [besser: kann]. " Seiner Antwort geht voraus: *„Aber das Königreich ist in euch, und es ist außerhalb von euch. Wenn ihr euch erkennen werdet, dann werdet ihr erkannt, und ihr werdet wissen, dass ihr die Söhne des lebendigen Vaters seid."* Er berichtet im Anschluss von Armut:[255] *„Aber wenn ihr euch nicht erkennt, dann seid ihr in der Armut, und ihr seid die Armut."* So wie Söhne und Vater Metaphern sind, ist es auch Armut, Mangel an *pneúma* im Diesseits (in Platons „Höhle"). Jesus benutzt Armut auch im konträren Sinn (Mat 5,3): *„Selig* (beseelt) *sind, die da geistlich arm* (fähig zum rigorosen Weltentzug) *sind; denn ihrer ist das Himmelreich."*

Unglaubliche Dichtkunst

Die ursprüngliche erfahrbare allegorische Bedeutung, die sich hinter „Gott", „Mann", „Frau", „Leib", „Fleisch", „Sterben" und „Tod" verbirgt, ergibt sich (emaniert) aus dem Aufstieg der *psyché*, worüber auch Philon berichtet. Doch auch ihm wird so wie anderen WISSENDEN – durch Unkenntnis seiner Metaphern – viel Unsinn angedichtet,

[254] Thomas Evangelium: http://rfmeyer.de/pdf/Thomas-Evangelium.pdf (abgerufen am 14.04.2021)

[255] Dies ist ein Hinweis auf Wuwei (Nicht-Tun, Alles im Üben geschehen lassen).

z.B.:[256] „Alles Gute sollte man sich unter der ‚Macht des Mannes' und den ‚Tod und alles Schlechte' unter der ‚Macht der Frau' vorstellen, obwohl nur durch sie das nachfolgende Leben entsteht. Nur wenn das weibliche ‚Fleisch' wieder in den maskulinen *logós* integriert ist, hat Philons androgyner Adam/Mensch das Wesen seiner Schöpfung erkannt." Leser*innen mögen anhand meiner bisherigen Erläuterung der Metaphern bereits erahnen, was dahintersteckt und signifikant verdreht wurde, ebenso hinter 2. Kor (5,8)[257]: „Um mit Christus aufzuerstehen, muss man mit Christus sterben; dazu ist es notwendig, aus dem Leib auszuwandern und daheim beim Herrn zu sein." Auch hinter Phil (1,23): „Bei diesem ‚Aufbrechen', beim Tod, wird die Seele vom Leib getrennt. Sie wird am Tag der Auferstehung der Toten wieder mit dem Leib vereint werden." Dies sind zwei typische Verzerrungen des NT, die unser „Höhlendasein – Welt der *dóxa* – bestätigen: *„Gleiches durch Gleiches"*. Goethe: *„Wie einer ist so ist sein Gott."*

Augustinus' Beitrag zum *mythos* über die *psyché*

Augustinus (354-430) waren die drei Metamorphosen der *psyché*, die zum Verständnis der *Genesis* und Lehre Jesu unverzichtbar sind, wohl nicht vertraut: [258] „Er fasst den

[256] Alicia D. Myers; *Blessed Among Women: Mothers and Motherhood in the New Testament*, Oxford University Press 2017.

[257] Katechismus der Katholischen Kirche: www.vatican.va/archive/DEU0035/_P2O.HTM (abgerufen am 15.04.2021)

[258] Geist: https://de.wikipedia.org/wiki/Geist (abgerufen am 15.04.2021): *„Dem Geist kommen wesensmäßig Vernunft (ratio) und*

Geist als eine an der Vernunft *(ratio)* teilhabende Substanz auf, die zur Leitung des Leibes bestimmt ist." Er wertet damit Verstand, Intellekt und Vernunft *(ratio)*, die auf *psyché = sóma* beschränkt sind, auf und ordnet ihnen den Leib (SÓMA), der für die ESP-Erfahrung des *lógos* und *pneúma* im Aufstieg unverzichtbar ist, ab. Er trug damit zur Akzeptanz von *(sóma, psyché, pneúma = nous)* = (Körper, Seele, Geist), die die drei Metamorphosen der *psyché* ignoriert, bei, die uns heute prägt. Sie impliziert die Zuweisung von Geist zum „klugen Kopf", der als logisch – im Einklang mit dem *lógos* – betrachtet wird. Seine Unterstellungen sind seinem trennenden AD geschuldet, das er damit aufwertet. Es unterdrückt damit das vereinende PD, das sich mit dem Wandel der *psyché* von *sóma* zu *pneúma (nous)* intensiviert. Er empfiehlt auch, was seine polarisierende und egozentrische Sichtweise bestätigt:[259] *„Dass aller Aberglaube der Heiden vernichtet werden soll, ist das, was Gott will."*

Ich staune, dass er, der vom Manichäismus zum Christentum konvertierte und zum Heiligen erklärt wurde, meint zu wissen, was Gott will. Er wusste, ohne Zweifel, wie man Menschen für sich und seinen Glauben gewinnt: [260] *„Der Zuhörer ist nur dann wirklich gewonnen, wenn er liebt,*

Einsicht (intelligentia) zu. Er wird durch die Laster (vitium) *geschwächt und muss, um seiner Leitungsaufgabe gerecht werden zu können, durch den Glauben* (fides) *gereinigt werden."*

[259] Catherine Nixea: *Heiliger Zorn.* Wie die frühen Christen die Antike zerstörten. www.randomhouse.de/leseprobe/Heiliger-Zorn/leseprobe_9783421047755.pdf

[260] Aurelius Augustinus, Zitate: www.evangeliums.net/zitate/augustinus_von_hippo_seite_3.html. (Internetquellen abgerufen am 15.04.2021)

was du versprichst, fürchtet, was du androhst, hasst, was du anklagst, gern tut, was du empfiehlst, bedauert, was du bedauernswert nennst." Auch wenn das, was er über Geist, Seele, Vernunft behauptet, genügend Gläubige ansprechen mag, so zählt es doch zur AD-basierten „Dichtkunst", die Platon kritisiert (Politeia 259e): *„Es besteht ein alter Streit zwischen philosophía und Dichtkunst."* Mit dieser „Kunst der Sophisten" lässt sich die *philosophía* nicht enthüllen. Wer es tut, gibt sich dem *mythos* hin. Er weiß nicht zwischen *noúmenon*, dem erfahrbaren Himmlischen (SEIN), und *phainómenon*, dem davon mit „den Augen von *sóma* gesehenem irdischen Abbild *(eikón)*", dem Nicht-SEIN, zu unterscheiden. Darüber gibt es in Teil II Einiges zu berichten. Es zeigt den Weg aus Platons „Höhle" noch detaillierter als Teil I auf.

28. Rückblick und Vorschau

Ich habe gezeigt, dass die Auslegung der *philosophía* und äquivalenter Lehren eine ungewohnte Hermeneutik (Auslegekunst) – mittels Mustererkennung – erfordert. Dabei geht es darum, im – durch *invention of tradition* – verzerrten, manipulierten und umgedichteten System (Netzwerk) ihrer Metaphern, das universelle und holistische Ursprüngliche dahinter wieder aufzudecken, das dem einzigartigen S-Prinzip genügt. Das Muster ist für mich das System der Metaphern der mir vertrauten Dao-Lehre, das seinen Ursprung im rigorosen Hinwenden zum Unbekannten (Wu) im Aufstieg (Pfeil I) hat. Ich erkannte es in den von mir zitierten traditionellen Kulturen und konnte damit die „Spitze des Eisbergs" ihrer Metaphern enthüllen. Ich habe in Teil I davon insbesondere die ihrer LDDW erklärt. Ich werde ihnen in Teil II noch weitere hinzufügen, um ihre Uminterpretation im AT und NT zu erkennen.

Ich werde dort auch – umfassender als bisher – den Mythos von Kain und Abel, Sodom und Gomorra, David und Goliath, der Arche Noah, vom Untergang von Atlantis, Turmbau zu Babel, und vor allen Dingen den *Adam-Eva-Mythos* (AEM) entschleiern. Meine ausführliche Erklärung des AEM ist nicht nur unverzichtbar für die Enthüllung der *Genesis*, sie vertieft auch das Verständnis aller Mythen. Sie alle sind von spiritueller Art und in sich stimmig, weil sie dem S-Prinzip genügen. Sie sind nur deshalb Mythen, weil sie mit AD wortwörtlich genommen werden. Damit verdecken sie ihren übersinnlich erfahrbaren Ursprung, dem z.B. folgende Artikulierungen zu verdanken sind. (1) Laozi (Kap. 25): *„Es gibt Chaos, das schon vor Himmel und Er-*

de existierte.“ (2) Platon (Timaios 29d-30c)[261]: *„Aus dem formlosen Chaos schuf ER den sinnvoll geordneten kósmos* (Weltseele) *und verlieh ihm die größtmögliche Schönheit.“* (3) (Gen 1,1): *„Am Anfang schuf Gott die Himmel*[262] *und die Erde.“* Die beiden ersten Zitate sind unreligiös und stimmig, sodass man annehmen muss, dass dies auch für das dritte und viele andere der *Genesis* gilt, z.B. (Gen 1,3): *„Gott sprach: Es werde Licht. Und es wurde Licht.“* Ebenso Gen (2,21): *„Und Gott der Herr baute ein Weib aus der Rippe, die er vom Menschen nahm.“* Sie alle entspringen der einzigartigen Aufstiegserfahrung (Pfeil I), die der Ursprung der altgriechischen *kosmogonia (kosmología)* und Dao-Schöpfungslehre ist, die den Akt (Pfeil II) übereinstimmend beschreiben. Seine Aufdeckung in genannten und weiteren Zitaten und Mythen bestätigt mir, dass ihre Verfasser mit dem S-Prinzip und der LDDW vertraut waren.

Hier kommt eine kurze Zusammenfassung des AEM[263], der aus dem S-Prinzip hervorgeht. Ich habe darin Metaphern unterstrichen, die ich Schritt für Schritt in Teil II erkläre[264]: *„Adam und Eva leben zunächst im Garten Eden. Dort überredet sie die Schlange entgegen dem Verbot Gottes vom Baum der Erkenntnis von Gut und Böse zu essen.*

[261] S. 69-71.Vgl. Mischa von Perger; *Die Allseele in Platons Timaios*, Stuttgart 1997.

[262] In (3) wird von mehreren Himmeln gesprochen. Auch Paulus spricht vom dritten Himmel (2. Kor 12,2). Auch hinter (1) und (2) verbergen sich mehrere Himmel, wie ich in Teil II zeige.

[263] Adam und Eva: https://de.wikipedia.org/wiki/Adam_und_Eva

[264] Vgl. Adam und Eva: https://www.jewiki.net/wiki/Adam_und_Eva (Internetquellen abgerufen am 15.04.2021)

[...] Da sich Adam und Eva nach dem Genuss der Früchte mit Feigenblättern bekleiden, könnte mit der verbotenen Frucht eine Feige gemeint sein, die in der biblischen Systematik der Früchte die 4. Frucht ist und auf die Zahl Vier verweist, die symbolisch für die materielle Welt steht."

Meine Enthüllung des AEM dient auch meiner Erklärung der Lehre Jesu, so wie ich sie im NT, *Nag Hammadi Codex*, in der *Pistis Sophía* und anderen apokryphen Schriften vorfinde. Sie ist, sofern man ihre Metaphern erkennt, mit der daoistischen, buddhistischen, vedischen, zoroastrischen, altägyptischen, hermetischen (henochischen) und altjüdischen traditionellen Lehre und damit stimmigen pythagoreischen, platonischen und neoplatonischen *philosophía* im Einklang. Sie alle artikulieren die Erfahrung der Meister, die den Weg (Pfeil I) zum Ursprung (D) suchten, ihn fanden und lehrten. Was sie berichteten, wurde durch Unkenntnis ihrer Metaphern uminterpretiert, mystifiziert und heilig erklärt. Dies heißt aber nicht, dass es nicht – bis zu einem gewissen Grad – rekonstruiert werden könnte. Teil II liefert dafür viele Beispiele. Sie bestätigen, dass das Reich der Verfasser aller enthüllten Mythen die spirituelle Welt ist, in der Inhalte nicht, so wie heute geglaubt und vielfältig ausgelegt werden. Sie sind vielmehr untereinander stimmig und wollen erfahren (Pfeil I) werden. Der Weg ihrer Erkundung ging vielerorts verloren. Warum? Darauf liefere ich keine Antwort. Leser*innen, die mir bisher folgten, mögen es erahnen. Falls dies noch nicht der Fall ist, dann vielleicht am Ende von Teil II, in dem ich besonders auf die negativen Folgen exzessiver Hinwendung zu *sóma, aphrosýne, dianoéin* (AD) und *empeiría* hinweise, so wie sie sich in der Ökokrise kundtun.

29. Referenzen

Link zu Büchern und anderen Informationen von Fangfu https://itvoodoo.at/index.php/s/GqS26dDZpHMPGLS?path =%2F (abgerufen am 15.04.2021)

Literatur zu Suhrawardi

Horten, Max. *Die Philosophie der Erleuchtung nach Suhrawardi;* Georg Holms Verlag, 1981

Corbin, Henry. *En islam iranien. Aspects spirituels et philosophiques. Tome II. Sohrawardî et les Platoniciens de Perse,* Gallimard, Paris 1971.

Walbridge, John. (a) *Suhrawardī and Illuminationism,* in: Peter Adamson and Richard C. Taylor, The Cambridge Companion to Arabic Philosophy, Cambridge University Press, Cambridge 2005. (b) *The Leaven of the Ancients. Suhrawardi and the Heritage of the Greeks,* State University of New York Press, Albany 2000. (c) *The Wisdom of the Mystic East. Suhrawardī and Platonic Orientalism,* State University of New York Press, Albany 2001

Łukasz, Piątak. *Between philosophy, mysticism and magic. A critical edition of occult writings of and attributed to Shihāb al-Dīn al-Suhrawardī (1156-1191)*; Doktorarbeit an Uniwersytet Warszawski, Wydział Orientalistyczny, Katedra Arabistyki i Islamistyki, 2018. www.depotuw.ceon.pl/bitstream/handle/item/3265/3600-DR-OR-86091004754.pdf?sequence=1 (abgerufen am 15.04.2021)

Eigene ergänzende Artikel und Bücher zum Thema

Hubral, Peter; *Dao-Meister Platon;* Longtai Verlag Gießen 2008.

Hubral, Peter; *The Tao: Modern Pathway to Ancient Wisdom,* in: Philosopher 98, Nr. 1, 2010. www.the-philosopher.co.uk/2011/09/secrets-of-tao-2011.html (abgerufen am 15.04.2021)

Hubral, Peter; *The Socrates Code: Rediscovering the long lost Secrets of Ancient Philosophy with Tai Chi.* Lotus Press 2014.

Hubral, Peter; *The Plato Code: The impact of the misconceived Greek philosophía on the European culture,* Lotus Press 2014.

Hubral, Peter; *The Lao Tzu Code: Key to ancient Chinese and Greek natural life care and search for truth.* Lotus Press 2014.

Hubral, Peter; *Geheime Dao-Schöpfungslehre: Moderne Dao-Praxis erklärt die älteste und aktuellste chinesische und universelle Welt- und Selbstentstehung.* Lotus Press 2015.

Hubral, Peter; *Denken, Wissen, Weisheit – Erkenntnis jenseits des Glaubens.* (Band 1 und 2). Lotus Press, 2018.

Info/Kontakt:

www.taijixue.de
https://www.gpi.kit.edu/62_285.php
https://wiki.seg.org/wiki/Peter_Hubral
www.tattva.de/tag/prof-dr-peter-hubral/

30. Biographie

Geboren 1940. Studium der Geophysik in Clausthal Zellerfeld. Promotion am Imperial College in London. Arbeitsaufenthalte in Australien, USA und Brasilien. Teilnahme an geophysikalischen Expeditionen weltweit auf Land und zur See, Professor für Geophysik am KIT (Karlsruhe Institute of Technology). Hobby: Taiji-Üben, Wandern und Studium traditioneller Kulturen. Mein Dao-Name: 胡 培 德 (Hu, der die Tugend pflegt).